铁路工程施工安全与案例分析丛书

地铁工程施工安全与案例分析

黄守刚　主编

中国铁道出版社

2011年·北京

内 容 简 介

本书通过典型案例系统介绍了地铁施工中的安全技术与安全知识，通过配备大量插图将内容化繁为简，使读者能快速直观掌握地铁施工安全知识，增强安全意识，提高安全技术水平。

本书不仅适合于铁路工程管理与技术人员、安全专职人员参考阅读，也适合于广大铁路工人自学。

图书在版编目(CIP)数据

地铁工程施工安全与案例分析/黄守刚主编.
—北京：中国铁道出版社，2011.7
(铁路工程施工安全与案例分析丛书)
ISBN 978-7-113-13030-5

Ⅰ.①地… Ⅱ.①黄… Ⅲ.①地下铁道－工程施工－安全技术 Ⅳ.①U231

中国版本图书馆 CIP 数据核字(2011)第 105169 号

书　　名：铁路工程施工安全与案例分析丛书
地铁工程施工安全与案例分析
作　　者：黄守刚　主编

责任编辑：徐　艳　　　电话：010-51873193
封面设计：冯龙彬
责任校对：张玉华
责任印制：李　佳

出版发行：中国铁道出版社(100054，北京市宣武区右安门西街 8 号)
网　　址：http://www.tdpress.com
印　　刷：三河兴达印务有限公司
版　　次：2011 年 7 月第 1 版　　2011 年 7 月第 1 次印刷
开　　本：787 mm×1 092 mm　1/16　印张：7.25　字数：173 千
书　　号：ISBN 978-7-113-13030-5
定　　价：19.00 元

编写委员会

主　编：黄守刚（石家庄铁道大学）

副主编：秦　凯（中铁十三局集团）　梁爱国（中铁十九局集团）

张金柱（中铁十二局集团）　康拥政（石家庄铁道大学）

委　员：邓汉权（中铁二十五局集团）　郭法生（中铁四局集团）

高俊青（中铁二十一局集团）　李培安（中铁二十局集团）

徐宝域（中铁二十四局集团）　张云峰（中铁四局集团）

曹万玲（中铁二十局集团）　谢安荣（中铁二十五局集团）

廖柳红（中铁二十五局柳州公司）　夏润禾（中交第二公路工程局有限公司）

刘　斌（中铁十一局集团）　黄基富（中铁八局集团）

李占先（中铁十四局集团公司）　王四虎（中铁十五局六公司）

亢新华（中铁一局集团）　严少发（中交隧道工程局有限公司）

杨先权（中铁大桥局集团）　王维新（中铁十八局集团）

潘建华（中铁二十二局集团）　王立广（中交隧道工程局有限公司）

黄旭升（中铁十八局集团）　王善高（中交隧道工程局有限公司）

吴景龙（石家庄铁道大学）　李永华（河北交通职业技术学院）

李艳菊（河北省住房与城乡建设厅执业资格注册中心）

前 言

随着国家大规模铁路建设的展开，铁路建设投资大幅增加，施工任务重，工期紧，存在大量高处、野外、深水作业，流动性大，机械调动频繁，新工人比例高、安全意识相对较差，再加之新技术新标准的大量采用，因此铁路建设安全风险比以往更高，铁路建设安全管理任务艰巨。为适应当前的铁路建设安全形势，我们编写了铁路工程施工安全与案例分析丛书。

本丛书包括9个分册，涵盖桥涵、隧道、轨道、路基、营业线、地铁、施工机械作业、铁路工程建设安全生产管理及施工现场事故防范与处理。该系列丛书以现行铁路工程各专业施工安全技术规程为指导思想，结合铁路建设安全知识需求的实际情况，通过400余个安全案例，深入浅出地阐述了铁路工程(含地铁)各专业的施工安全管理、技术和措施的一些基本知识。各分册均配备了大量的插图，将安全知识化繁为简，书籍可读性强，使读者能快速直观掌握铁路工程施工安全基本知识，增强施工安全意识，提高安全施工技术水平。

本丛书在编写和审定过程中，奋斗在铁路建设一线的专业技术人员提出了很多宝贵意见，提供了大量的素材，在此一并表示感谢。由于作者水平有限，且时间仓促，书中难免有不足之处，敬请读者指正并提出宝贵意见。

编者

2011年6月

目　录

第一章 概 述

第一节 地铁施工安全管理

地铁施工安全事故是由多方面引起的，既有内在因素也有外在因素，归纳起来有以下几点：

(1)地铁结构本身及所处位置的工程及水文地质条件；

(2)工程建设周边环境(建筑物、道路和地下管线等)的复杂性；

(3)施工工艺和管理、操作水平；

(4)监理人员的素质、技术能力、管理水平及工作态度。

为解决以上问题，要做好以下几个方面的工作：首先，地铁选线时要尽量避开重大的风险源，这就要求必须将工程地质勘探工作做到位，明确哪些是本条线路的重大风险源，其具体位置和现状如何、风险有多大；其次，要根据具体的工程地质和水文地质条件及地下管线状况，选择最佳的地铁结构形式和施工方法；再次，要加强施工中的监控测量工作(包括隧道结构变形、地面沉降、管线变形等)，做到信息化施工；最后，要提高监理人员素质、技术能力和管理水平，端正监理的工作态度和责任心。

危险源是安全管理的主要对象，地铁施工中的危险源是以多种形式存在的。要提高地铁安全管理水平，必须对现场的危险源进行辨识，找出每项工作活动有关的所有危险源，并考虑这些危险源可能会对人造成什么样的伤害，或可能导致设备设施损坏等。

地铁施工中危险源主要体现在设备故障或缺陷、人的失误、管线破坏和管理缺陷等方面。它们之间互相影响。危险源基本上都是随机出现的，很难对它们发生的时间、地点及以何种形式发生进行准确判断。

设备故障极易产生安全事故，如触电、有毒气体泄漏、脚手架扣件质量低劣从高处坠落、钢丝绳断裂等。人的失误主要是因为对安全不重视、态度不正确等，如操作失误、使用不安全的设备、冒险作业、攀坐不安全位置、在吊物下作业停留等。地铁施工由于其特殊性，位于城市主要道路下，管线较多，如果普探和调查不详细，就容易发生管线破坏事故，给居民生活造成很大不便，给企业带来较大的社会负面影响。

地铁车站施工是深基坑作业，做好基坑监控量测是关键，及时监测地表和周边建筑物沉降、周围管线沉降、钢支撑轴力、基坑变形等，用数据记录作为基坑安全管理和控制的依据，防止基坑坍塌等重大安全事故发生。

管理缺陷会引起设备故障或人员失误，许多事故的发生是由于管理不到位而造成的。做好危险源辨识(特别是施工现场的重大危险源)，并采取相应的控制措施，是促进安全生产管理的有效手段。编制科学的危险源监控方案，建立一套系统的、科学的、先进的安全管理模式，来预控地铁施工各个环节中可能出现的重大风险，有针对性地采取相应的防范措施，并在实际施工中切实地加以落实，从而在真正意义上防止和减少、甚至杜绝安全事故的发生。

第二节　新工人安全生产须知

(1)新工人经三级安全知识教育和培训,并经考核合格后方可进入施工现场操作。

(2)进出施工现场,必须在考勤机上刷卡登记;进入施工现场必须戴好安全帽,扣好帽带。

(3)在没有防护设施的 2 m 高处、悬崖和陡坡施工作业必须系好安全带。

(4)高空作业时,不准往下或向上抛材料和工具等物件。

(5)无特种设备操作合格证的人员和不懂电器、机械的人员,严禁使用和玩弄机电设备。

(6)建筑材料和构件要堆放整齐稳妥,不要过高。

(7)危险区域要有明显标志,要采取防护措施,夜间要设红灯示警。

(8)在操作中,应坚守工作岗位,严禁酒后操作,非工作时间严禁操作机械设备。

(9)特殊工种(电工、焊工、爆破工、起重及打桩司机和指挥工、架子工、各种机动车辆司机等)必须经过有关部门专业培训考试合格发给操作证,方准独立操作。

(10)施工现场禁止穿拖鞋,高跟鞋,易滑、带钉的鞋和赤脚、赤膊操作。

(11)施工现场的脚手架、防护设施、安全标志、警告牌、脚手架连接铅丝或连接件不得擅自拆除,需要拆除必须经过加固后经施工负责人同意。

【案例】擅自拆除支模架事件

(1)事件经过

2008 年 10 月 27 日,某地铁车站结构衬砌施工中,现场项目部在混凝土强度未达到设计要求的情况下,在车站 A2 段站台层擅自拆除支模架。10 月 27 日、10 月 01 日,监理、设计单位分别指出此行为存在重大安全隐患,要求暂停拆除,并提交支撑加固方案报监理、设计认可。

项目部在未按要求报批方案的情况下,仍继续违规拆除,直到 11 月 10 日业主代表巡查发现 A2、A3 段站台层支模架完全拆除,才由监理单位下发停工令。这种对可能引起结构破坏并形成重大安全隐患的施工方案擅自改动的行为,性质非常恶劣。为此,业主做出对施工单位全线通报批评,并进行经济处罚的决定,同时要求对项目部进行整顿,严重影响了企业的声誉和形象。

(2)事件发生的原因

①项目部安全意识不强,为了加快工期,解决支撑材料不足的问题,在混凝土强度未达到设计要求的情况下,擅自拆除支模架。

②现场管理人员安全质量意识不强,执行监理、业主、设计的指令不力,工作不按程序,随意性大。

③项目部缺乏与业主、设计和监理等的沟通,在未达成一致意见的情况下,擅作主张。

(12)施工现场的洞、坑、井架、升降口等危险处,应有防护措施并有明显标志。

(13)任何人不准向下、向上乱丢材、物、垃圾、工具等。不准随意开动一切机械。操作中思想要集中,不准追逐嬉戏,做私活。

(14)不准坐在防护栏杆上休息和在施工现场睡觉。

(15)手推车装运物料,应注意平稳,掌握重心,不得猛跑或撒把溜放。

(16)工具用好后要随时装入工具袋。

(17)单梯上部要扎牢,下部要有防滑措施。

(18)挂梯上部要挂牢,下部要绑扎。

(19)人字梯中间要扎牢,下部要有防滑措施,不准人坐在上面,骑马式移动。

(20)从事高空作业的人员,必须身体健康,患有高血压、贫血症、严重心脏病、精神症、癫痫病、深度近视在500度以上人员,以及经医生检查认为不适合高空作业的人员,不得从事高空作业。对井架、起重工等从事高空作业的工种人员要每年体检一次。

①高空作业要系好安全带。

②高处作业不要用力过猛,防止失去平衡而坠落。

③在平台等处拆木模,撬棒要朝里,不要向外,防止人向外坠落。

④遇有暴雨、浓雾和六级以上强风应停止室外作业。

⑤夜间施工必须要有充分的照明。

第三节 安全技术要点

一、施工现场

(1)参加施工的个人(包括学徒工、实习生、代培人员和民工)要熟知工种的安全技术操作规程。在操作中,应坚守工作岗位,严禁酒后操作。

(2)电工、焊工、起重机司机和各种机动车司机,必须经过专门训练,考试合格发给操作证,方准独立操作。

(3)正确使用个人防护用品和安全防护措施,进入施工现场,必须戴好安全帽,禁止穿拖鞋或光脚,在没有防护设施情况下的高空、悬崖和陡坡施工,必须系安全带,上下交叉作业有危险的出入口要有防护棚或其他隔离设施,离地面 2 m 以上作业要有防护栏杆、挡板或安全网。安全帽、安全带、安全网要定期检查,不符合要求的,严禁使用。

(4)施工现场的脚手架、防护设施、安全标志和警告牌不得擅自拆动,需要拆动的,要经工地负责人同意。

【案例】扣件式脚手架倒塌事故

(1)事故经过

该地铁工程位于十字路口下,为双柱三跨岛式站台设计,为确保进入车站地段的施工安全,根据设计要求需在风道底部先开挖南北两个小导洞,并在其内施作风道衬砌的两条地梁。地梁钢筋骨架由$\phi28$主筋、$\phi16$腹筋、$\phi10$箍筋组成,总重17.9 t。钢筋骨架利用$\phi48$钢管搭设支架定位进行施工作业。在梁体混凝土灌注前,拆除钢管支架。

当日当班16名作业人员分成4组,同时进行绑扎箍筋作业。由于主筋间距小,支架横杆挡住箍筋不好绑扎,现场两名作业人员向当班副班长请示把支架扫地横杆拆掉,副班长便布置隔一根拆一根。于是,4个作业组各拆除了一根支架扫地横杆后,继续绑扎箍筋。19时50分,作业人员在向上提拉箍筋过程中,支架连同已架设的钢筋向小导洞进口方向倾覆,将4名在支架中层和下层作业人员压在钢筋下,造成3人死亡、1人轻伤。

(2)事故原因分析

①地梁支架没有按照承重架子的标准进行搭设;在使用过程中部分承重杆件被拆除后,致使支架受力状态发生变化,削弱了结构抗倾覆能力,是造成事故的直接原因。

按照《脚手架支搭规程》规定,承重架子的立杆间距不得超过1.5 m,大横杆间距不得超过1.2 m,小横杆间距不得超过1 m,必须设置与地面夹角不得超过45°～60°的斜支撑,架体中间还应设置剪刀撑,才能保证架体的稳定性。当支撑地梁的扣件式钢管支架承载重量已经大大超出一般承重脚手架(承重脚手架载荷 270 kg/m²)允许的载荷,本应制订相应的安全技术措施,以加大支架的承载能力和加强架体的稳定性。但是,事故发生前搭设的支架立杆和大横杆间距达到 2.0 m(立杆间距超规定 0.5 m,大横杆间距超规定 0.8 m),且只在长 26.67 m 支架的一侧设置了 3 根斜支撑。使用过程中,作业人员又擅自拆除了支架中连接杆件(5 根),最终导致架体失稳倒塌。

②安全、技术管理不严,违章指挥、冒险作业,是造成事故的主要原因。

a. 项目部技术部门对地梁施工安全重视不够,没有按照承重脚手架的技术标准组织设计和制订搭设施工方案,考虑架体稳定性时认为"以前曾这样搞过"而凭经验办事,对架体抗倾覆措施考虑不全面,地梁钢筋施工技术交底会和下发的书面交底书内容不够详细具体;地梁架子搭设完毕后,也没有按规定组织验收便投入使用。

b. 支架的搭设未使用专业人员,而是由开挖班班长和钢筋班副班长带领工人凭经验搭设;使用中,当班副班长自认"艺高人胆大"未经项目部技术部门批准,对本身整体稳定性差的支架,又违章拆除扫地杆(4 根)和顶层横杆(1 根)。

c. 安全人员、技术人员对支架的搭设不按事先设计、事中检查、事后验收的程序办事,对支架使用过程中的稳定状态检查不严、不细,未能对架体的稳定性提出意见;检查中对违章拆除扫地杆(4 根)和顶层横杆(1 根)的随意性施工未能及时发现或制止。

d. 在违章拆除支架上的连接杆件(5 根)情况下,工人冒险作业,导致事故发生。

③监理人员未能认真履行监理职责,是造成事故的原因之一。

监理人员没有认真履行监理职责,对施工方没有施工方案的情况下进行支架搭设和地梁钢筋绑扎作业,未能及时予以制止。

(3)应吸取的事故教训

①国家《建设工程安全生产管理条例》规定:"基坑支护与降水工程、土方开挖工程、模板工程、起重吊装工程、脚手架工程、拆除、爆破工程、建设行政主管部门或其他有关部门规定的其他危险性较大的分部分项工程,必须编制专项施工方案,并附具验算结果,经施工单位技术负责人、总监理工程师签字后实施,由专职安全生产管理人员进行现场监督。"

②脚手架工程从编制施工方案、设计(验算)、搭设、搭设中的监督检查、搭设后的验收,必须严格执行法律、行政法规、部门规章、工程建设标准和相关技术标准,不得凭经验而马虎、凑合、满不在乎,更不能抱有侥幸心理去简化作业和疏于监督。

③脚手架既要有足够的承载能力,又要具有良好的刚度(使用期间,脚手架的整体或局部不产生影响正常施工的变形或晃动),其组成应满足以下要求:

a. 必须设置纵、横向水平杆和立杆,三杆交会处(主节点)用直角扣件相互连接,并应尽量靠紧。

b. 扣件螺栓拧紧力矩应在 40~65 N·m,以保证脚手架的节点具有必要的刚性和承受荷载的能力。

c. 在脚手架和建筑物之间,必须按设计计算要求设置足够数量并分布均匀的连墙杆。

d. 脚手架立杆基础必须坚实,并有足够承载能力,以防止不均匀的沉降。

e. 应设置纵向剪刀撑和横向斜撑,以使脚手架具有足够的纵向和横向的整体刚度。

④登高架设作业,是容易发生人员伤亡事故,对操作者本人、他人及周围设施的安全有重大危害的作业。《架子工》属于特种作业人员,应年满 18 周岁;身体健康、无妨碍从事相应工种作业的疾病和生理缺陷;初中以上文化程度,具备相应工程的安全技术知识,参加国家规定的

安全技术理论和实际操作考核并成绩合格；符合相应工种作业特点需要的其他条件的专业人员。

(5)施工现场的洞、坑、沟、升降口、漏斗等危险处，应有防护设施或明显标志。

(6)施工现场要有交通指示标志，交通频繁的交叉路口，应设指挥；危险地区，要悬挂"危险"或"禁止通行"牌，夜间设红灯示警。

(7)坑槽施工，应经常检查边壁土质稳固情况，发现有裂缝、疏松或支撑走动，要随时采取加固措施，根据土质、沟深、水位、机械设备重量等情况，确定堆放材料和施工机械坑边距离，往坑槽运材料，应用信号联系。

【案例】2006 年 6 月 26 日，由于土体疏松，北京地铁 4 号线宣武门站西南通道发生施工局部坍塌，坍塌面积 30 m^2，体积 90 m^3。

(8)调配酸溶液，应先将酸缓慢地注入水中，搅拌均匀，严禁将水倒入酸中，储存酸液的容器应加盖和设有标志。

(9)做好女工在生理周期、怀孕、生育和哺乳期间的保护工作，女工在怀孕期间对原工作不能胜任时，应调换轻便工作。

二、机电设备

(1)机械操作要束紧袖口，女工发辫要挽入帽内。

(2)机械和动力机的机座必须稳固，转动的危险部位要安设防护装置。

(3)工作前必须检查机械、仪表、工具等，确认完好方准使用。

(4)电气设备和线路必须绝缘良好，电线不得与金属物绑在一起，各种电动机必须按规定接地接零，并设置单一开关，临时停电或停工休息时，必须拉闸加锁。

(5)施工机械和电气设备不得带病运行和超负荷作业。发现不正常情况应停机检查，不得在运行中修理。

(6)电气、仪表和设备试运转，应严格按照单项安全技术措施运行，运转时不准清洗和修理，严禁将头手伸入机械行程范围内。

(7)在架空输电线路下面工作应停电，不能停电时，应有隔离防护措施，起重机不得在架空输电线路下面工作，通过架空输电线路应将起重臂落下，在架空输电线路一侧工作时，不论在何种情况下，起重臂、钢丝绳或重物等与架空输电线路的最近距离应不小于表 1-1 的规定。

表 1-1　起重臂、钢丝绳或重物等与架空输电线路的最近距离

输电线路电压(kV)	<1	1～20	35～110	150～220
允许与输电线路的最近距离(m)	2.5	3	5	7

(8)行灯电压不得超过 36 V，在潮湿场所或金属容器内工作时，行灯电压不得超过 12 V。

(9)受压容器应有安全阀、压力表，并避免暴晒、碰撞，氧气瓶严防沾染油脂；乙炔发生气、液化石油气，必须有防止回火的安全装置。

(10)X 光或 γ 射线探伤作业区，非操作人员不准进入。

(11)从事腐蚀、粉尘和有毒作业，要有防护措施，并进行定期检查。

三、高空作业

(1)从事高空作业要定期检查，经医生诊断，凡患高血压、心脏病、贫血病、癫痫病及其他不适于高空作业的,不得从事高空作业。

(2)高空作业衣着要灵便,禁止穿硬底和带钉易滑的鞋。

(3)高空作业所用材料要堆放平稳,工具应随手放入工具袋内,上下传递物体禁止抛掷。

(4)遇有恶劣天气(如风力在六级以上)影响施工安全时,禁止进行露天高空、起重和打桩作业。

(5)梯子不得缺档,不得垫高使用,梯子横档间距以 30 cm 为宜,使用时上端要系牢,下端应采取防滑措施,如需接长使用,应绑扎牢固,人字梯底脚应拉牢,在通道处使用梯子,应有人监护或设置围栏。

(6)没有安全防护措施,禁止在屋架的上弦、支撑、桁条、挑架的挑梁和半固定的构件上行走或作业,高空作业与地面,应设通讯装置,并由专人负责。

(7)季节施工

①暴雨台风前后,要检查工地临时设施,脚手架、机电设备、临时线路,发现倾斜、变形、下沉、漏雨、漏电等现象,应及时修理加固,有严重危险的,立即排除。

②深基坑的脚手架及易燃、易爆、仓库和龙门吊、打桩机等机械应设临时避雷装置,对机电设备的电气开关,要有防雨、防潮设施。

③现场道路应加强维护,斜道和脚手架应有防滑措施。

④夏季作业应调整作息时间,从事高温工作的场所,应加强通风和降温措施。

【案例】上海马当路地铁 9 号线工地打桩机倾覆砸坏邻楼

2007 年 8 月 22 日晚 9 点左右,位于上海马当路、建国西路路口的轨道交通 9 号线建筑工地内发生一起安全事故:一台打桩机由于操作失当在施工作业中倾覆,造成两名工人受伤。此外,事故还造成邻近小区一幢大楼的外墙立面被砸毁 10 多平方米(见图 1-1 和图 1-2),所幸并未有路人受伤。

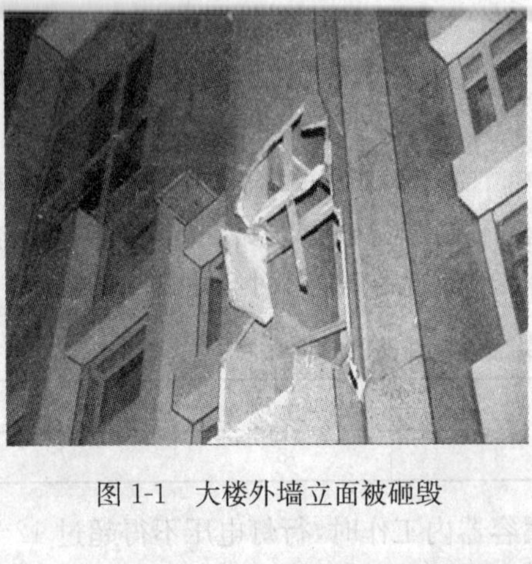

图 1-1　大楼外墙立面被砸毁

图 1-2　砸坏围墙

第四节　安全要点集锦

一、安全生产六大纪律

(1)进入现场必须戴好安全帽、扣好帽带,并正确使用个人劳动防护用品。

(2)2 m 以上的高处、悬空作业无安全设施的,必须戴好安全带、扣好保险钩。

(3)高处作业时,不准往下或向上乱抛材料和工具等物件。

(4)各种电动机械设备必须有可靠有效的安全接地和防雷装置,方能开动使用。

(5)不懂电气和机械的人员，严禁使用和玩弄机电设备。

(6)吊装区域非操作人员严禁入内，吊装机械必须完好，吊装物下方不准站人。

二、十项安全技术措施

(1)按规定使用“三宝”(安全带、安全帽、安全网)。

(2)机械设备防护装置一定要齐全有效。

(3)起重设备必须有限位装置，不准带病运转，不准超负荷作业，不准在运转中维修保养。

(4)架设电线、线路必须符合当地电业局的规定，电气设备全部接地接零。

(5)电动机械和电动手持工具要设漏电保护开关。

(6)脚手架材料及脚手架的搭设必须符合规定要求。

(7)各种缆风绳及其设备必须符合规定要求。

(8)在建工程的楼梯口、电梯口、预留洞口、通道口，必须有防护设施。

(9)严禁穿高跟鞋、拖鞋、赤脚进入施工场地，高空作业不准穿硬底和带钉易滑的鞋靴。

(10)施工现场的悬崖、陡坎等危险地区应有警戒标志，夜间要有红灯示警。

三、安全生产十大禁令

(1)严禁穿拖鞋、高跟鞋及不戴安全帽的人进入施工现场作业。

(2)严禁一切人员乘坐提升架、吊机的吊篮及在提升架井口或吊物下操作、站立、行走。

(3)严禁非专业人员私自启动任何施工机械及驳接、拆除电线、电器。

(4)严禁在操作现场(包括在车间、工场)玩耍、吵闹和从高空抛掷材料、工具、砖石、砂泥及其他物体。

(5)严禁土方工程偷岩取土及不按规定放坡或在不加撑的深基坑开挖施工。

【案例】2003年10月8日，北京地铁5号线崇文门车站工地西北风道南侧，斜撑底部地梁钢筋脱落，钢筋整体倾覆，造成2死2伤。

(6)严禁在不设栏杆或无其他安全措施的高空作业和单墙上行走。

(7)严禁在无安全设施的同一部位上同时进行上下交叉作业。

(8)严禁带小孩进入施工现场(包括车间、工场)作业。

(9)严禁在高压电源的危险区域进行冒险作业及不穿绝缘鞋进行机动水磨石操作，严禁用手直接提拿灯头、电线进行移动操作照明。

(10)严禁在有危险品、易燃品、木工棚场的现场和仓库吸烟、生火。

四、起重吊装“十不准”

(1)起重臂和吊起的重物下面有人停留或行走时不准吊，严禁在起吊物下进行作业。

(2)起重指挥应由技术培训合格的专职人员担任，无指挥或信号不清不准吊。

(3)钢筋、型钢、管材等细长的多根物件必须捆扎牢靠，多点起吊。单头“千斤”或捆扎不牢靠不准吊。

(4)多孔板、积灰斗、手推翻斗车不用四点吊或大模板外挂板不用卸甲不准吊。预制钢筋混凝土楼板不准双拼吊。

(5)砌块必须使用安全可靠的砌块夹具，吊砖必须使用砖笼，并堆放整齐。木砖、预埋件等零星物件要用盛器堆放稳妥，叠放不齐不准吊。

(6)楼板、大梁等吊物上站人时不准吊。

(7)埋入地面的板桩、井点管等及粘连、附着的物件不准吊。

(8)多机作业,应保证所吊重物距离不小于 3 m,在同一轨道上多机作业,无安全措施不准吊。

(9)6 级以上强风区不准吊。

(10)斜拉重物或超过机械允许载荷不准吊。

五、气割、电焊“十不烧”

(1)焊工必须持证上岗,无特种作业安全操作证的人员,不准进行焊、割作业。

(2)凡属一、二、三级动火范围的焊割作业,未经办理动火审批手续,不准进行焊割。

(3)焊工不了解焊、割现场周围情况,不得进行焊、割。

(4)焊工不了解焊件内部是否安全时,不得进行焊、割。

(5)装过可燃气体、易燃液体和具有有毒物质的容器,未经彻底清洗,排除危险性之前,不准进行焊、割。

(6)用可燃材料作保温层、冷却层、隔热设备的部位,或火星能飞溅到的地方,在未采取切实可靠的安全措施之前,不准焊、割。

(7)有压力或密闭的管道、容器,不准焊、割。

(8)焊、割部位附近有易燃易爆物品,在未作清理或未采取有效的安全措施之前,不准焊、割。

(9)附近有与明火作业相抵触的工种在作业时,不准焊、割。

(10)与外单位相连的部位,在未弄清有无险情或明知存在危险而未采取有效的措施之前,不准焊、割。

六、“三宝、四口”防护规定

“三宝、四口”防护应按 JGJ 59—88 标准认真落实,具体规定如下:

(1)施工人员进入现场必须戴安全帽,从事粉尘作业的工人必须戴防尘口罩,机械女工必须戴工作帽及施工工人不得穿拖鞋和高跟鞋;

(2)高空作业人员必须系好安全带;

(3)脚手架必须按规定设安全网;

(4)楼梯口、井口要有防护栏杆,电梯口、预留洞口、坑井洞口要有防护板或盖板,通道口要有防护棚;

(5)楼板、屋面及临边的地方要有安全防护措施。

七、登高作业“六不准”

(1)不准往下乱抛物品;

(2)不准背向下走下扶梯;

(3)不准穿拖鞋、凉鞋、高跟鞋;

(4)不准嬉笑打闹;

(5)不准靠在临时扶手或栏杆上;

(6)不准在安全带未挂牢时作业。

八、安全事故处理"四不放过"

(1)事故原因没有查清不放过；
(2)事故责任者没有严肃处理不放过；
(3)广大职工没有受到教育不放过；
(4)防范措施没有落实不放过。

【案例】

(1)事故经过

2009年8月2日上午9时20分，由某局施工的西安地铁一号线洒金桥站施工现场，在冠梁沟槽开挖支护过程中出现约十方的泥土塌方，两名正在作业的工人不幸被埋。经过紧张抢险救援，两人分别于12时15分、13时08分被救出现场，送往医院后经全力抢救无效身亡。

事故发生后，根据国家有关规定和市政府要求，市安监局、市监察局、市总工会等有关部门立即组成"8·2"事故调查组，经过全面细致的取证调查，已对造成此次事故发生的原因作出认定。西安市安监局局长张新民代表市政府"8·2"事故调查组，对此次事故的有关调查情况进行了通报。事故调查组认定：这是一起因基坑开挖支护不到位、现场安全防护措施不足、相关人员职责履行不力，在较差自然地质和连续降雨下引发的生产安全事故。图1-3为西安地铁施工事故救援现场。

(2)发生原因

① 沟槽开挖支护不及时

某局项目部有关人员对西安地质特点认识不足，安全责任意识淡薄，组织编制的洒金桥冠梁施工方案对沟槽土方开挖步骤和支护措施规定不明确，向现场施工人员交底不细致；现场人员盲目采用机械方式一次开挖成型深约4.5 m的沟槽，超出设计深度1 m，也未及时进行支护，且放坡不足，致使坑壁支撑力不足，为后续施工埋下隐患；现场管理人员又忽视安全作业条件，盲目安排施工人员进入沟槽内作业，导致坑壁土体突然失稳坍塌，酿成严重后果，是造成此次事故发生的直接原因和主要原因。

图1-3　西安地铁施工事故救援现场

② 现场安全防护措施不足

某监理公司有关监理人员，对洒金桥站冠梁专项施工方案缺乏了解，未能及时纠正施工单位忽视后续施工安全条件、一次开挖成型较深沟槽的错误做法；特别是8月2日凌晨施工人员开挖北侧坍塌段冠梁沟槽时，夜班监理人员未能坚守监理岗位，致使沟槽超深度开挖、放坡不足、坑壁土体自稳性差的隐患未能得到及时发现和消除，8月2日当班监理人员也未能及时发现现场隐患并制止施工人员在沟槽内盲目作业的不安全行为，安全监理职责履行不力，是造成此次事故发生的重要原因。

③ 较差自然地质和连续降雨

此次事故坍塌部位非原状土，土体下预埋有自来水管、热力管道、污水砖涵、电力线缆、通讯线缆等预埋管线，土质属回填杂土，土体密实度较低，自身稳定性较差，且事发前连续降雨使土体含水量增大，自稳能力进一步下降，也是造成此次事故发生的又一重要原因。

④ 未及时纠正防护措施缺陷

洒金桥车站北侧部位地质条件复杂，且该处沟槽开挖成型距事发时间短暂，客观上监管难度较大，应采取更进一步的措施加以防范。市地铁公司对此认识不足，未能及时加强并纠正防护措施缺陷，也是造成事故发生的原因之一。

(3)责任处理

共对10名责任人提出了处理意见。

"8·2"事故调查组通过对相关单位及其人员在施工过程和履行职责情况的调查，根据国家有关规定，事故调查组对有关单位及其责任人员提出了如下处理意见。

对施工和监理单位，停止西安地铁招投标资格两年。同时，由市安监局和市地铁公司依照《国务院生产安全事故报告和调查处理条例》和《西安地铁安全保证金管理办法》的相关规定，对施工单位和监理单位分别给予相应处罚。

对负有主要责任的施工单位项目部主管领工员钟某，解除劳动关系，并移送公安机关依法追究其相应法律责任。

对负有重要责任的施工单位项目部领工员李某、安全员张某、总工程师吴某，建议相关单位分别给予解除劳动关系、行政记大过、撤销职务和吊销从业资格证书的严肃处理。对负有重要责任的施工单位项目部安全总监刘某、项目经理邓某，建议相关单位分别给予撤职，并吊销安全总监刘某的安全资格证书。

对负有重要责任的监理公司现场监理刘某、樊某、总监代表田某、总监贾某，建议相关单位分别给予解除劳动关系、撤职、吊销监理资格证书的严肃处理。

对在此次事故中负有相应责任的市地铁公司有关人员，由市监察局、市地铁公司依照干部管理权限，分别做出了相应的严肃处理。

第二章 施工准备阶段安全

第一节 建筑施工人员进场安全

(1)进入施工现场必须佩戴安全帽,正确使用个人安全防护用品(具),在井口、临边等高处作业,必须佩戴安全绳,从事危险性较高作业时必须有专人监护。

(2)作业人员必须经过安全技术培训,掌握本工种安全生产知识和技能。非特种持证、定岗专业人员,严禁操作特种工种专用设备、电气工具、严禁擅自启动、安装、拆卸电气设备等。

(3)严禁在高压线、配电柜周围堆土、堆料、支搭临时设施。

(4)作业时应保持作业道路通畅、环境整洁。在雨季施工、露天作业时必须先清除积水并采取防滑措施。

(5)作业前必须检查工具、设备、现场环境,做好班前安全检查。

(6)上下沟、槽、坑、井必须走安全梯,严禁在现场躺卧睡觉。

(7)进入施工现场的人员严禁赤脚、穿拖鞋、追逐打闹。

(8)严禁擅自拆改、移动安全防护设施。需临时拆除或变动安全防护设施时,必须经项目安全总监同意,并采取相应的可靠措施。

(9)作业时必须遵守劳动纪律,精神集中,不得打闹。严禁酒后作业。

(10)严禁从高处向下方和四周抛掷或者从低处向高处投掷物料、工具。

(11)夜间作业场所必须配备足够的照明设施。

(12)大雨及风力6级以上(含6级)等恶劣天气时,应停止在露天高处以及井口附近的作业。

(13)施工过程中必须保护现场管线、杆线、人防、消防、城市排水、绿化、交通设施。

(14)作业中出现危险征兆时,作业人员必须停止作业,撤至安全区域,并立即向经理部领导报告。未经经理部领导批准,不得擅自恢复生产。紧急处理时,必须在安全总监的指挥下进行作业。

(15)作业中发生事故,必须及时抢救人员,迅速报告项目部领导,保护事故现场,并采取措施控制事故衍生。如抢救工作可能造成事故扩大或人员伤害时,必须在安全总监的指导下进行抢救。

(16)配合其他专业工种人员作业时,必须服从该专业工种人员的指挥。作业时须根据作业要求,佩戴防护用品。不得擅自动用各种机电设备。

(17)配合机械作业时,严禁进入机械设备回转半径范围内。

(18)从砖垛上取砖应由上而下阶梯式拿取,严禁一码拿到底或在下面掏拿。传砖时应整砖或半砖分开传递,严禁抛掷传递。

(19)在脚手架、操作平台等高处作业时,不得倒退猛拽。严禁在脚手架、操作平台上坐、躺和背靠防护栏杆休息。

(20)安装、拆除工程在施工前,班组必须组织学习专项安装、拆除工程安全施工组织设计或安全技术交底。无安全技术措施的不得进行安装、拆除作业。

(21)两人作业时，应互相呼应、协调配合。多人作业时应设专人指挥。严禁立体交叉施工。

(22)较大或沉重的材料，应用起重机械吊运。

(23)现场的各类电气、机械设备和各种安全防护设施严禁擅自启动、拆除、拆移、改变原貌。

(24)使用手推车装运物料，作业前应对运输道路进行平整，保持道路坚实、畅通。穿行社区道路必须遵守交通法规。

(25)手推车推行作业中要掌握重心、保持平稳。在平地上前后车距不得小于 2 m，下坡时前后车间距不得小于 10 m，陡坡应根据情况适当延长。

(26)用手推车装运材料，应两人以上操作，保持手推车平稳，拐弯示意，车上不得乘人。

(27)不得猛跑或撒把溜车。

(28)两人抬运，上下肩要同时起落，多人抬运重物时，必须由专人统一指挥、同起同落、步调一致、前后互相照应，注意脚下障碍物，并提醒后方人员，所抬重物离地高度一般以 30 cm 为宜。

(29)用龙门吊、起重机等垂直运输，零散材料码放整齐平稳，码放高度不得超过车厢，小推车应打好挡掩。运长料不得高出吊盘(笼)，必须采取防滑落措施。

(30)跟随汽车、拖拉机运料的人员，车辆未停稳不得下车。装卸物料时应轻搬稳放，禁止抛掷。应按次序码放整齐。随车运料人员不得坐在车载物料前方。车辆倒退时，指挥人员应站在槽帮的侧面，并且与车辆保持一定的距离，车辆行程范围内的砖垛、门垛下不得站人。

(31)装卸搬运危险物品(如炸药、氧气瓶、乙炔瓶、电解液等)和有毒物品，必须严格按有关规定和安全技术交底执行。装卸时必须轻拿轻放，避免剧烈震动，不得有互相碰撞或扔掷等行为。作业人员须按要求正确穿戴劳动防护用品。严禁烟火。

(32)装、运、卸大宗物料、方砖等重物时，应事先确定装卸方法，并设专人指挥。

(33)不得随意靠墙、防护围栏、堆放沉重物料，避免墙倒伤人。

(34)休息时，不得在车辆下面、机械设备、管片、盾构机上、井口、临边等处休息。

(35)人机配合作业时，应与移动机械保持 8 m 以上的安全距离，并必须服从信号工指挥。

(36)给易滚、易滑吊物挡掩时，必须待吊物落稳、信号工指示后方可上前作业。

(37)指挥、引导施工机械作业时，作业人员不得倒退。

第二节 钻孔机安全

一、基本要求

(1)钻孔机操作工、电工、焊工、机修工等应配套齐全，持证上岗。

(2)进入施工现场必须正确使用安全帽和个人防护用具，严禁酒后进场施工。

(3)上岗操作前应首先认真检查周围的安全环境、所使用的设备、工具是否完好、可靠。施工操作中应时刻注意安全生产，严禁盲目野蛮施工。

(4)严格按照施工方案要求和钻孔机安全作业，严禁违章指挥、违章作业及违反劳动纪律的现象发生。

(5)在临边作业必须系安全带，临边、高处作业必须着装灵便，穿防滑鞋。

(6)在作业区作业半径范围内设置警戒标志，严禁人员穿行。

(7)搬运材料时要轻拿轻放,当多人协同作业时应行动协调一致。

(8)严格遵守安全生产六大纪律、十项安全技术措施和安全生产"十不准"。

二、水泥搅拌桩机安全

(1)进场作业人员必须为大于18周岁的成年人。

(2)进入施工现场必须正确佩戴安全帽和个人防护用具,严禁酒后进场施工。

(3)桩机操作手必须持证上岗,坚守岗位,辅助生产人员应服从桩机操作手的工作安排,严禁擅自启动桩机设备。

(4)按施工方案施工,现场道路应平坦、坚实、畅通,交叉点及危险地区,应设明显标志。

(5)桩机操作手应懂得本机械的构造、性能、操作规程、维护保养和排除一般故障。

(6)电气设备的电源,应按《施工现场临时用电安全技术规范》(JGJ 46—2005)有关规定架设安装。电气设备均须有良好的接地接零,接地电阻不大于4 Ω,并装有可靠的漏电保护装置。配电箱、启动柜内严禁放置非定点装配设施、杂物。严禁私拉乱接电线。

(7)搅拌桩机在移位前,应将临电线路、注浆管等设施先行疏解移位,严禁碰撞、碾压临电线路和注浆管等。

(8)搅拌桩机在移位过程中必须有人指挥、监护,防止在移位过程中倾倒,造成人员伤害。

(9)在地质条件较差的作业面进行作业时,应确保其停靠、作业基础稳固,防止在钻孔作业过程中,因地基层发生突变,而造成伤害事故。

(10)桩机电气、控制、制动机构应完好、有效,传动机构防护罩必须齐全,严禁设备带病运转。

(11)水泥浆搅拌系统周围必须设置有效的隔离装置,水泥浆液搅拌池周围应设置防护栏或铺设钢筋格栅,防止人员误入受伤。

(12)采取有效措施,控制水泥扬尘,做好泥浆、废水外溢防护,做好施工现场文明施工。

三、钻孔桩机安全

(1)进场作业人员必须为大于18周岁的成年人。

(2)进入施工现场必须正确佩戴安全帽和个人防护用具,严禁酒后进场施工。

(3)桩机操作手必须持证上岗,坚守岗位,辅助生产人员应服从桩机操作手的工作安排,严禁擅自启动桩机设备。

(4)安装桩机前,应掌握勘探资料,并确认地质条件符合该钻机的要求,地下无埋设物,作业范围内无障碍物,施工现场与架空输电线路的安全距离符合规定。

(5)桩机钻架基础应夯实、整平,移动走管钻架下应铺设枕木,垫起后应保持整机处于水平位置。

(6)钻头的组装应按照说明书规定进行,竖立或放到钻架时,应由桩机操作手进行。

(7)钻架的吊重中心、钻机的卡孔和护进管中心应在同一垂直线上,钻杆中心允许偏差为20 mm。

(8)钻头和钻杆连接螺纹应良好,滑扣时不得使用。

(9)钻头焊接应牢固,不得有裂纹,钻杆连接处应加设便于拆卸的橡皮垫圈。

(10)作业区应有明显警示标志和围栏,非工作人员不得进入围栏区域内。

(11)上岗操作前,应首先认真检查周围的工作环境,所使用设备、工具是否完好、可靠。

(12)严格按照施工方案所规定的要求施工，严禁违章指挥、违章作业、盲目野蛮施工和违反劳动纪律的现象发生。

(13)作业过程中注意文明施工，防止造成环境污染。

【案例】机械伤害事故

(1)事故经过

2002年2月27日，在上海某基础公司总承包、某建设分承包公司分包的轨道交通某车站工程工地上，分承包单位进行桩基旋喷加固施工。上午5时30分左右，1号桩机(井架式旋喷桩机)机操工王某，辅助工冯某、孙某三人在C8号旋喷桩基施工时，辅助工孙某发现桩机框架上部6 m处油管接头漏油，在未停机的情况下，由地面爬至框架上部去排除漏油故障(桩机框架内径650 mm×350 mm)。由于天雨湿滑，孙某爬上机架后不慎将身体滑落至框架内档，被正在提升的动力头压铁挤压受伤，事故发生后，地面施工人员立即爬上桩架将孙某救下，并送往医院急救，经抢救无效，孙某于当日7时死亡。

(2)事故原因分析

①直接原因

辅工孙某在未停机的状态下，擅自爬上机架排除油管漏油故障，因天雨湿滑，身体落至井架式桩机框架内档，被正在提升的动力头压铁挤压致死。孙某违章作业，是造成本次事故的直接原因。

②间接原因

(a)机操工王某，作为C8号旋喷桩机的机长，未能及时发现异常情况并采取相应措施。

(b)总承包单位对分承包单位日常安全监控不力，安全教育深度不够，并且对分承包单位施工超时作业未及时制止，对分承包队伍的监督管理存在薄弱环节。

③主要原因

分承包项目部对现场安全管理落实不力，对职工安全教育不力，安全交底和安全操作规程未落实；施工人员作业时间长(24 h分两班)造成施工人员身心疲惫、反应迟缓，是造成本次事故的主要原因。

四、冲孔桩机安全

(1)进场作业人员必须为大于18周岁的成年人。

(2)进入施工现场必须正确佩戴安全帽和个人防护用具，严禁酒后进场施工。

(3)桩机操作手必须持证上岗，坚守岗位，辅助生产人员应服从桩机操作手的工作安排，严禁擅自启动桩机设备。

(4)作业现场平整填实，并铺30 cm×30 cm长4 m的方木供机架行走。

(5)临电线路必须架空拉设，移动机架时必须与高低压线路保持规定的安全距离。

(6)不得在高低压电线路下冲孔作业、吊放钢筋笼等。

(7)机架上机箱、电器完好，电动机接地不少于两处，保护零线连接牢固可靠，触电保护器动作灵敏。

(8)作业前，应检查卷扬机及机架各部位连接是否牢固，有无松动或磨损、变形，离合器、刹车是否灵敏，钢丝绳是否断丝、磨损、扭结、变形达到报废标准。

(9)不准带负荷启动电动机，严禁以脚代手进行操作。

(10)无论是3 t还是5 t走管式冲孔桩机，在起吊桩锤、护筒等重物时，严禁在装锤和护筒的下方和扒杆处挖孔、电焊、停留站立和通行。

(11)制动皮带不得受潮,传动皮带的防护罩应齐全完好。

(12)检修或加润滑油时,必须切断电源使机器停止运转后进行,在架顶高处作业时,必须佩戴安全带。

(13)桩机整体跑架移动,纵移(前进或退后)应通过桩机上 2# 钢丝绳的缠绕使走管在方木上移动来完成,横移是靠桩架侧旁滑转组的收缩使底盘卡钳在走管上滑动来完成,走管本身横移靠千斤顶协助完成,严禁悬着冲击锤跑架。

(14)进行孔深测量、泥浆取样或循环排渣时,必须停机,并将桩锤放置于地面。

(15)护筒中心应对准桩位中心,顶面高出地面 40 cm,溢浆口应朝向浆沟。

(16)开孔时,应低锤轻击,冲程不大于 1 m,在黏土层中成孔,可加少量清水。

(17)每冲 4 h,必须停机将桩锤提出孔外清洗一次,并检查桩锤有无断齿或掉齿,有无出现大蒜头状,钢丝绳连接(包括转向器)有否松动,发现问题,及时报告施工员处理。

(18)成孔后应及时组织验孔和浇筑水下混凝土,并在桩孔上方设置遮盖或防护围栏。

(19)泥浆泵机的电动机接电源电线必须符合用电安全技术规范要求,接地接保护零线牢固可靠,触电保护器动作灵敏,并有防雨、防水、防尘措施。

(20)作业过程中注意文明施工,防止造成环境污染。

第三节　装卸、搬运、勤杂工安全

(1)进入施工现场作业的人员必须为成年人(大于 18 周岁),必须经过入场安全教育。

(2)进入施工现场必须戴好安全帽,严禁酒后进场施工。

(3)严格按操作规程及安全交底要求作业,严禁违章指挥、违章作业及违反劳动纪律的现象发生。

(4)患有心脏病、癫痫病、恐高症、视力低下的人员严禁高处作业。

(5)从事特种作业必须持有有效的特种作业操作证,方可操作。

(6)作业前必须清理作业区的场地:将周围洞口盖严,将临边浮动物清理干净。

(7)在临边作业必须系安全带。

(8)临边、高处作业必须着装灵便,穿防滑鞋。

(9)在外架上作业必须有可靠操作平台,操作平台不得有探头板。当无可靠操作平台时必须系安全带(高挂低用或平挂平用,严禁低挂高用)。

【案例】地铁深基坑高处坠落事故

(1)事故经过

某地铁车站施工,其中混凝土模板的安装拆卸由民营工程公司分包。事故当天,分包公司正在搭建车站风道模板。13:30 时木工陆某、吴某在基坑 12～15 轴第二道钢管支撑上用 6 根方木(长 4 m×宽 2.6 m)搭成临时平台,并要求将一捆约 30 根方木堆放在此平台上。随后二人分别站在承载平台的两根钢管支撑上等待吊运。当方木快要吊运到指定地点时,东侧钢管支撑上的木工上前扶住方木,站在西侧钢管支撑上的陆某准备去扶方木时,不慎从距结构底板 4.4 m 高的临时平台上坠落。坠落后头部插在结构底板预留的侧墙钢筋上,经抢救无效死亡。

(2)事故原因分析

①直接原因

施工现场作业人员,擅自在基坑内钢管支撑上违章搭设简易操作平台,在不具备安全作业条件的情况下进行高处作业，是造成这次事故的直接原因。

②间接原因

(a)分包公司项目部对施工现场安全管理不力，对违章行为没有予以及时制止。

(b)施工公司项目部对分包施工现场擅自在钢管支撑上加载(搭设平台并放置方木)失察，对分包队伍管理存在薄弱环节，对基坑内违章作业组织不坚决。

(c)工程指挥部对施工现场监督管理不细，发现问题不够及时。

(d)对施工现场作业人员安全教育培训不到位。

③主要原因

分包公司现场管理不力，违章作业，是造成这次事故的主要原因。

(10)在作业区下方坠落半径范围内设置警戒标志，严禁人员通过。

(11)对材料轻拿轻放，当多人协同作业时行动应协调一致。

(12)小型工具必须随手放在牢固位置，以防止丢失或掉下伤人。

(13)做好文明施工，做到工完场地清。

(14)将废弃材料及时清理至指定地点，防止污染环境。

(15)作业中采取降低噪声措施，避免噪声污染。

(16)严格遵守安全生产六大纪律、十项安全技术措施和安全生产“十不准”。

(17)上岗操作前首先应认真检查周围的安全环境，操作中应时刻注意安全生产，严禁盲目野蛮施工。

(18)工作前应认真检查所使用的工具是否完好、可靠。所用各类吊具是否符合要求，不得超负荷使用。

(19)根据搬运工作的情况，应穿戴好必要的防护用品。

(20)搬运任何物品均应做到重不压轻、大不压小、堆放平稳、捆扎牢固。

(21)人工搬运、装卸物件时，个人搬运应防止砸伤，多人搬运同一物件时，要有专人指挥，并保持一定间隔，一律顺肩，步调一致。

(22)严格遵守易燃、易爆及化学危险物品装卸运输有关规定。装卸粉散材料及有毒气散发的物品，应佩戴必要的防护用品。

(23)堆放物件不可歪斜，高度要适当，对易滑动件要用木块垫塞，不准将物件堆放在安全通道内。

(24)用机动车辆装运货物时不得超载、超高、超长、超宽，要有可靠措施和明显标志。

(25)装车时，随车人员要注意站位。车辆行驶时，不准站在物件和前拦板之间，车未停妥不准上下。

(26)装卸货物应挂规定吊点，起吊装箱件时应先检查箱体脚底是否牢固完好，按吊线标志吊挂，并经试吊确认稳妥后方能起吊。

(27)使用吊车、钢管滚动滑移货物时，要有专人指挥，路面要坚实，绳索套结要找准重心，保持直线行进，有棱角快口部位应设垫衬，卸车或下坡应加保险绳，货物前后和牵引钢丝绳边不准站人。

(28)装运易燃易爆化学危险品时严禁与其他货物混装，要轻搬轻放，搬运场地不准吸烟。车厢内不准坐人。

(29)装卸时，应根据吊位变化，注意站立位置，严禁站在吊物下面。

(30)在高拦板车厢装卸货物起重驾驶员无法看清车厢内的指挥信号时，应设中间指挥，传递信号。

【案例】吊车事故

2009 年 10 月 26 日 13 时 30 分，深圳地铁五号线五和站一辆施工中的吊重 35 t 的大吊车，运行到半空中时吊臂的最末一节突然折断，不仅约 5 t 重的泥土从高空砸下，整辆吊车也侧翻在地。所幸，由于事发时吊车侧翻的这一侧没人，所以未造成人员伤亡。

第四节　施工现场临建设施安全

一、钢筋作业

(1)进入施工现场的人员必须正确戴好合格的安全帽，系好下颚带，锁好带扣。

(2)作业时必须按规定正确使用个人防护用品，着装要整齐，严禁赤脚和穿拖鞋、高跟鞋进入施工现场。

(3)在没有可靠安全防护设施的高处(≥2 m)和陡坡施工时，必须系好合格的安全带，安全带要系挂牢固，高挂低用，同时高处作业不得穿硬底和带钉易滑的鞋，应穿防滑胶鞋。

(4)新进场的作业人员，必须首先参加入场安全教育培训，经考试合格后方可上岗，未经教育培训或考试不合格者，不得上岗作业。

(5)从事特种作业的人员，必须持证上岗，严禁无证操作，禁止操作与自己无关的机械设备。

(6)施工现场禁止吸烟，禁止追逐打闹，禁止酒后作业。

(7)施工现场的各种安全防护设施、安全标志等，未经领导及安全员批准严禁随意拆除和挪动。

二、钢筋绑扎

(1)绑扎基础钢筋，应按规定安放钢筋支架、马镫，铺设走道板(脚手板)。

(2)在高处(≥2 m)绑扎立柱和墙体钢筋时，不得站在钢筋骨架上或攀登骨架上下，必须搭设脚手架或操作平台和马道。脚手架应搭设牢固，作业面脚手板要满铺、绑牢，不得有探头板、非跳板，临边应搭设防护栏杆和支挂安全网。

(3)绑扎圈梁、挑梁、挑檐、外墙和边柱等钢筋时，应站在脚手架或操作平台上作业。

(4)脚手架或操作平台上不得集中码放钢筋，应随使用随运送，不得将工具、箍筋或短钢筋随意放在脚手架上。

(5)严禁从高处向下方抛扔或从低处向高处投掷物料。

(6)在高处楼层上拉钢筋或钢筋调向时，必须事先观察运行上方或周围附近是否有高压线，严防碰触。

(7)绑扎钢筋的绑丝头，应弯回至骨架内侧，暂停绑扎时，应检查所绑扎的钢筋或骨架，确认连接牢固后方可离开现场。

(8)六级以上强风和大雨、大雪、大雾天气必须停止露天高处作业。在雨、雪后和冬季，露天作业时必须先清除水、雪、霜、冰，并采取防滑措施。

(9)要保持作业面道路通畅，作业环境整洁。

(10)作业中出现不安全险情时，必须立即停止作业，撤离危险区域，报告领导解决，严禁冒险作业。

三、钢筋加工

1. 冷拉

(1)作业前，必须检查卷扬机钢丝绳、地锚、钢筋夹具、电气设备等，确认安全后方可作业。

【案例】2006年2月27日，北京地铁10号线10标段太阳宫至三元桥折返线工地，一个起重机设备在使用中钢丝绳绷断，导致吊斗坠落，砸死3人。

(2)冷拉时，应设专人值守，操作人员必须位于安全地带，钢筋两侧3 m以内及冷拉线两端严禁有人，严禁跨越钢筋和钢丝绳，冷拉场地两端地锚以外应设置警戒区，装设防护挡板及警告标志。

(3)卷扬机运转时，严禁人员靠近冷拉钢筋和牵引钢筋的钢丝绳。

(4)运行中出现滑脱、绞断等情况时，应立即停机。

(5)冷拉速度不宜过快，在基本拉直时应稍停，检查夹具是否牢固可靠，严格按安全技术交底要求控制伸长值。

(6)冷拉完毕，必须将钢筋整理平直，不得相互乱压和单头挑出，未拉盘筋的引头应盘住，机具拉力部分均应放松再装夹具。

(7)维修或停机，必须切断电源，锁好箱门。

2. 切断

(1)操作前必须检查切断机刀口，确定安装正确、刀片无裂纹、刀架螺栓紧固、防护罩牢靠、空运转正常后再进行操作。

(2)钢筋切断应在调直后进行，断料时要握紧钢筋，螺纹钢一次只能切断一根。

(3)切断钢筋，手与刀口的距离不得小于15 cm。断短料手握端小于40 cm时，应用套管或夹具将钢筋短头压住或夹住，严禁用手直接送料。

(4)机械运转中严禁用手直接清除刀口附近的断头和杂物，在钢筋摆动范围内和刀口附近，非操作人员不得停留。

(5)作业时应摆直、紧握钢筋，应在活动切口向后退时送料入刀口，并在固定切刀一侧压住钢筋，严禁在切刀向前运动时送料，严禁两手同时在切刀两侧握住钢筋俯身送料。

(6)发现机械运转异常、刀片歪斜等，应立即停机检修。

(7)作业中严禁进行机械检修、加油、更换部件，维修或停机时，必须切断电源，锁好箱门。

3. 弯曲

(1)工作台和弯曲工作盘台应保持水平，操作前应检查芯轴、成型轴、挡铁轴、可变挡架有无裂纹或损坏，防护罩是否牢固可靠，经空运转确认正常后，方可作业。

(2)操作时要熟悉倒顺开关控制工作盘旋转的方向，钢筋放置要和挡架、工作盘旋转方向相配合，不得放反。

(3)改变工作盘旋转方向时，必须在停机后进行，即从正转→停→反转，不得直接从正转→反转或从反转→正转。

(4)弯曲机运转中严禁更换芯轴、成型轴和变换角度及调速，严禁在运转时加油或清扫。

(5)弯曲钢筋时，严格依据使用说明书要求进行操作，严禁超过该机对钢筋直径、根数及机械转速的规定。

(6)严禁在弯曲钢筋的作业半径内和机身不设固定销的一侧站人。

(7)弯曲未经冷拉或有锈皮的钢筋时，必须戴护目镜及口罩。

(8)作业中不得用手清除金属屑，清理工作必须在机械停稳后进行。

(9)检修、加油、更换部件或停机，必须切断电源，锁好箱门。

4. 钢筋运输

(1)作业前应检查运输道路和工具，确保安全。

(2)搬运钢筋人员应协调配合，互相呼应。搬运时必须按顺序逐层从上往下取运，严禁从下抽拿。

(3)运输钢筋时，必须事先观察运行上方或周围附近是否有高压线，严防碰触。

(4)运输较长钢筋时，必须事先观察清楚周围的情况，严防发生碰撞。

(5)使用手推车运输时，应平稳推行，不得抢跑，空车应让重车。卸料时，应设挡掩，不得撒把倒料。

(6)使用汽车运输，现场道路应平整坚实，必须设专人指挥。

(7)用汽车吊运时，吊索具必须符合起重机械安全规程要求，短料和零散材料必须要用容器吊运。

5. 成品码放

(1)严禁在高压线下码放材料。

(2)材料码放场地必须平整坚实，不积水。

(3)加工好的成品钢筋必须按规格尺寸和形状码放整齐，高度不超过 150 cm，并且下面要垫枕木，标识清楚。

(4)弯曲好的钢筋码放时，弯钩不得朝上。

(5)冷拉过的钢筋必须将钢筋整理平直，不得相互乱压和单头挑出，未拉盘筋的引头应盘住。

(6)散乱钢筋应随时清理堆放整齐。

(7)材料分堆分垛码放，不可分层叠压。

(8)直条钢筋要按捆成行叠放，端头一致平齐，应控制在 3 层以内，并且设置防倾覆、滑坡设施。

四、混凝土作业

(1)施工人员入现场前必须进行入场安全教育，经考核合格后方可进入施工现场。

(2)作业人员进入施工现场必须戴合格安全帽，系好下颚带，锁好带扣。

(3)施工人员要严格遵守操作规程，振捣设备安全可靠。

(4)泵送混凝土浇筑时，输送管道头应紧固可靠，不漏浆，安全阀完好，管道支架要牢固，检修时必须卸压。

(5)浇筑框架梁、柱、墙时，应搭设操作平台，铺满绑牢跳板，严禁直接站在模板或支架上操作。

(6)使用溜槽、串桶时必须固定牢固，操作部位应设护身栏，严禁站在溜槽上操作。

(7)用料斗吊运混凝土时，要与信号工密切配合，缓慢升降，防止料斗碰撞伤人。

(8)振捣混凝土时，操作人员必须戴绝缘手套，穿绝缘鞋，防止触电。

(9)夜间施工照明行灯电压不得大于 36 V，行灯、流动闸箱不得放在墙模平台或顶板钢筋上，遇有大风、雨等恶劣天气应停止作业。

(10)雨季施工要注意电器设备的防雨、防潮、防触电。

(11)浇筑顶板时,外防护架搭设应超出作业面。

(12)振捣棒使用前要检查各部位是否连接牢固,旋转方向是否正确,清洁。

(13)作业转移时,电机电缆线要保持足够的长度和高度,严禁用电缆线拖、拉振捣器。

(14)振捣工必须懂得振捣器的安全知识和使用方法,保养、作业后及时清洁设备。

(15)振捣器接线必须正确,电机绝缘电阻必须合格,并有可靠的零线保护,必须装设合格的漏电保护开关保护。

(16)插入式振捣器应2人操作:1人控制振捣器,1人控制电机及开关;棒管弯曲半径不得小于50 cm,且不能多于2个弯,振捣棒自然插入、拔出,不能硬插拔或推,不要蛮碰钢筋或模板等硬物,不能用棒体拔钢筋等。

(17)使用平板振捣器时,拉线必须绝缘干燥,移动或转向时,不得蹬踩电机,电源闸箱与操作点距离不得超过3 m,应设专人看管,检修时必须拉闸断电。

(18)泵送混凝土时,运行前检查各部件和连接是否完好无损。

(19)臂架管与配管制的连接必须通过连接软管连接,严禁臂管与配管直接连接,软管前端混凝土出口处应与混凝土浇灌面保持一定距离。

(20)应随时监视各种仪表和指示灯,发现不正常应及时调整处理。

(21)作业中,严禁充润滑油保养。保持水箱内储满清水,发现水质混浊并有较多沙粒时,应及时处理。

(22)料斗上的方格网在作业中不得随意移去。

(23)泵机运转时,严禁把手伸入料斗或用手抓握分配阀,若要在料斗或分配阀上工作时,应先关闭电机和消除蓄能器压力(按点动按钮即可),并应认真执行工作前、压送中、停机后的各注意事项。

(24)炎热天气要防止油温过高,如达到70℃或烫伤时,应停止运行。寒冷季节要采取防冻措施,以防冻坏机械。

(25)输送管路要固定、垫实,严禁将输送软管弯曲,以免软管爆炸,当采用空气清洗管理时,必须严格按操作规程进行。

(26)不得随意调整液压系统压力,不许吸空和无料泵送。

(27)作业完毕后要释放蓄能器的液压油压力,严禁非司机人员操作,工作时操作人员不得随意离岗。

(28)泵车司机要持证上岗。

(29)泵送结束后,要及时进行管道清洗,清洗输送管道的方法有两种:水洗和气洗,分别用压力水或压缩空气推送海绵或塑料球进行。清洗之前应反转吸料,减低管路内的剩余压力,减少清洗力。清洗时,注意压力表,应不超过规定的最高压力限值,防止爆管。水洗和气洗不准同时采用。清洗时,所有人员应远离管口,并在管口处加设防护装置,以防混凝土从管中突然冲出,造成人员伤害事故。(清洗时先将泵车尾部的大弯管卸下,在锥形瓶内塞入一些废纸或麻袋,然后塞入海绵球,将水洗槽加满水后盖紧盖子。若水洗,打开进水阀,关闭进、扩气阀,若气洗,打开进气阀,关闭进水阀。)

(30)人力往楼上运输泵管时,运输人员要量力而行,搬运时要注意脚下及周围环境,以防磕拌,两人合作时步调要相互一致,轻拿轻放,严禁抛扔。塔吊吊运时,要放在吊斗中,严禁超出吊斗上口,以防坠落伤人。

(31)泵管安装人员临边作业时,要挂好安全带,要将泵管拿稳抱牢,必要时将长泵管拴上安全绳，以防泵管脱落伤人，安装人员要精力集中，相互配合，安装时要放好各种连接件，严禁乱放乱扔，以防坠落伤人。

(32)要有专人经常检查泵管的连接情况，有异常情况及时修整，以防爆管伤人。

(33)严禁一切违章操作。

(34)工作前应确认所有管接头及连接件完好、牢固。

(35)布料杆工作时，四支腿底板必须固定，臂架下方不准站人并做好布料杆防倾倒措施。

(36)在高空定点浇筑时，必须用止动销轴将回转锁定。

(37)未加配重时不得打开或装上管梁。

(38)布料时工作人员应看得见工作范围。

(39)不准将管梁接长。

(40)软管长度不得超过 3 m(带软管工作时，必须用 5 块 280 kg 的配重)。

(41)经常检查钢丝绳是否破损，各部件的紧固是否松动，定期活动部位要加注润滑脂。

(42)定期检查输送管的磨损量，壁厚小于 1 mm 时，应及时更换。

(43)布料杆采用风洗时，端部橡胶管要拿开，并安上一个挡闸板，管端附近不许站人。

(44)经常检查布料杆弯头，软管接头等处是否牢固，以免脱落。

(45)操作人员应戴安全帽、口罩、手套等，临边、高空作业应系好安全带。

(46)地下室施工要有足够的照明，使用低压电，非电工不得随便接电。

(47)正确使用磨光机械，防止机械伤人。

(48)在临边作业时要有必要的防护措施，防止高空坠落、物体打击。

五、砌筑作业

(1)施工人员必须进行入场安全教育，经考试合格后方可进场。进入施工现场必须戴合格安全帽，系好下颚带，锁好带扣。

(2)在深度超过 1.5 m 的沟槽基础内作业时，必须检查槽帮有无裂缝，确定无危险后方可作业。距槽边 1 m 内不得堆放沙子、砌体等材料。

(3)砌筑高度超过 1.2 m 时，应搭设脚手架作业。高度超过 4 m 时，采用内脚手架必须支搭安全网，用外脚手架应设防护栏杆和挡脚板方可砌筑，高处作业无防护时必须系好安全带。

(4)脚手架上堆料量(均布荷载每平方米不得超过 200 kg，集中荷载不超过 150 kg)，码砖高度不得超过 3 皮侧砖。同一块脚手板上不得超过 2 人，严禁用不稳固的工具或物体在架子上垫高操作。

(5)砌筑作业面下方不得有人，交叉作业必须设置可靠、安全的防护隔离层，在架子上斩砖必须面向里，把砖头斩在架子上。挂线的坠物必须牢固。不得站在墙顶上行走、作业。

(6)向基坑内运送材料、砂浆时应有溜槽严禁向下猛倒和抛掷物料、工具。

(7)人工用手推车运砖，两车前后距离平地上不得小于 2 m，坡道上不得小于 10 m。装砖时应先取高处，后取低处，分层按顺序拿取。采用垂直运输，严禁超载。采用砖笼往楼板上放砖时，要均匀分布。砖笼严禁直接吊放在脚手架上。吊砂浆的料斗不能装得过满，应低于料斗上沿 10 cm。

(8)抹灰用高凳上铺脚手板，宽度不得少于两块脚手板(50 cm)，间距不得大于 2 m，移动高凳时上面不能站人，作业人员不得超过 2 人。高度超过 2 m 时，由架子工搭设脚手架，严禁脚手架搭在门窗、暖气片等非承重的物器上。严禁踩在外脚手架的防护栏杆和阳台板上进行操作。

(9)作业前必须检查工具、设备、现场环境等，确认安全后方可作业。要认真查看在施工洞口、临边安全防护和脚手架护身栏、挡脚板、立网是否齐全、牢固。脚手板是否按要求间距放正、绑牢，有无探头板和空隙。

(10)作业中出现危险征兆时，作业人员应暂停作业，撤至安全区域，并立即向上级报告。未经施工技术管理人员批准，严禁恢复作业，紧急处理时，必须在施工技术管理人员指挥下进行作业。

(11)作业中发生事故，必须及时抢救受伤人员，迅速报告上级，保护事故现场，并采取措施控制事故。如抢救工作可能造成事故扩大或人员伤害时，必须在施工技术管理人员的指导下进行抢救。

(12)砌筑 2 m 以上深基础时，应设有爬梯和坡道，不得攀跳槽、沟、坑上下。

(13)在地坑、地沟砌筑时，严防塌方并注意地下管线、电缆等。

【案例】2006 年 8 月 2 日，广州地铁 3 号线支线段石牌桥站工地在进行附属工程暗挖施工过程中，作业面有 1 m^3 左右的软弱土体塌落，造成 1 死 2 伤。

(14)脚手架未经交接验收不得使用，验收后不得随意拆改和移动，如作业要求必须拆改和移动时，须经工程技术人员同意，采取加固措施后方可拆除和移动。脚手架严禁搭探头板。

(15)不准用不稳固的工具或物体在脚手板面垫高操作。

(16)挂线的坠物必须绑扎牢固，作业环境中的碎料、落地灰、杂物、工具集中下运，做到日产日清、自产自清、活完料净场地清。

(17)用于垂直运输的吊笼、滑车、绳索、刹车等，必须满足负荷要求，牢固无损，吊运时不得超载，并须经常检查，发现问题及时修理。

(18)用起重机吊砖要用砖笼，吊件回转范围内不得有人停留，吊物在脚手架上方下落时，作业人员应躲开。

(19)运输中通过沟槽时应走便桥，便桥宽度不得小于 1.5 m。

(20)不准在超过胸部以上的墙体上进行砌筑，以免将墙体碰撞倒塌或上料时失手掉下造成安全事故。

(21)用锤打石时，应先检查铁锤有无破裂，锤柄是否牢固，打锤要按照石纹走向落锤，锤口要平，落锤要准，同时要看清附近情况有无危险，然后落锤，以免伤人。

(22)不准徒手移动上墙的料石，以免压破或擦伤手指。

(23)作业面暂停作业时，要对刚砌好的砌体采取防雨措施，以防雨水冲走砂浆，致使砌体倒塌。

(24)在台风季节，应及时进行圈梁施工，加盖楼板或采取其他稳定措施。

六、脚手架搭设、拆除作业

(1)脚手架所使用的钢管、扣件及零配件等须统一规格，杜绝使用次品和不合格品的钢管。材料管理人员要依据方案和交底检查材料规格和质量，履行验收手续和收存证明材质资料。

(2)使用钢管质量应符合 GB/T 700 中 Q235－A 级钢的规定，应采用现行《直缝电焊钢节》(GB/T 13793)或《低压流件输适用焊缝钢筋》(GB/T 3090)中规定的 3 号普通钢筋的要求，切口平整，严禁使用变形、裂纹和严重锈蚀钢管。

(3)架子作业必须由持有《特种作业人员操作证》的专业架子工进行，上岗前必须进行安全教育考试，合格后方可上岗。

（4）在脚手架上作业的人员必须穿防滑鞋，正确佩戴使用安全带，着装灵便。

（5）进入施工现场必须佩戴合格的安全帽，系好下颚带，锁好带扣。

（6）登高（2 m 以上）作业时必须系合格的安全带，系挂牢固，高挂低用。

（7）脚手板必须铺严、实、平稳。不得有探头板，要与架体拴牢。

（8）架上作业人员应作好分工、配合，传递杆件应把握好重心，平稳传递。

（9）作业人员应佩带工具袋，不要将工具放在架子上，以免掉落伤人。

（10）架设材料要随上随用，以免放置不当掉落伤人。

（11）在搭设作业中，地面上配合人员应避开可能落物的区域。

（12）严禁在架子上作业时嬉戏、打闹、躺卧，严禁攀爬脚手架。

（13）严禁酒后上岗，严禁高血压、心脏病、癫痫病等不适宜登高作业的人员上岗作业。

（14）搭拆脚手架时，要有专人协调指挥，地面应设警戒区，要有旁站人员看守，严禁非操作人员入内。

（15）架子在使用期间，严禁拆除与架子有关的任何杆件，必须拆除时，应经项目部主管领导批准。

（16）架子每步距均设一层水平安全网（随层），以后每四层设一道。

（17）脚手架基础必须平整夯实，具有足够的承载力和稳定性，立杆下必须放置垫座和通板，有畅通的排水设施。

（18）搭、拆架子时必须设置物料提上、吊下设施，严禁抛掷。

（19）脚手架作业面外立面设挡脚板加两道护身栏杆，挂满立网。

（20）架子搭设完后，要经有关人员验收，填写验收合格单后方可投入使用。

（21）遇 6 级（含 6 级）以上大风、雷雨等特殊天气应停止架子作业。雨雪天气后作业时必须采取防滑措施。

（22）脚手架必须与建筑物拉结牢固，需安设防雷装置，接地电阻不得大于 4 Ω。

（23）扣件应采用锻铸铁制作的扣件，其材质应符合《钢筋脚手架扣件》（GB/T 15831）的规定，采用其他材料制作的扣件，应有试验证明其质量符合该材料规定方可使用。搭设和验收必须符合 JG/J 1300—2001 要求。

第五节　安装板房和简易工作间安全

（1）进入施工现场必须戴好安全帽，正确使用劳保用品，高处临边作业，必须佩戴安全绳。

（2）房屋地基必须硬化，四周排水系统通畅。

（3）搭设房屋应按其构造顺序逐一、分层、分段进行。

（4）作业前，首先对安装点、搭设面进行班前安全检查。

（5）有高血压、贫血、恐高症等疾病的人员严禁从事高空或登高搭设作业。

（6）服从工作分配，穿工作鞋，站在稳固的结构部位上操作。

（7）安装作业应自下而上进行，禁止同时交叉搭设安装。当安装某一部位时，应防止其他部位发生脱落。高处搭设作业下方必须设警戒。

（8）房屋整体安装程度应相配合。

（9）支柱和横梁上不许多人聚集，严禁超荷载堆放材料，以免发生危险。

(10)不得徒手向高处传送板、架,应对板、架进行捆绑,绳拉。

(11)夜间不得进行安装作业。

(12)现场不得追逐、嬉戏打闹。

(13)每班下班之前,必须对安装现场进行安全检查,对有安全隐患的安装,必须要完全消除安全隐患之后,方可下班。不得留有安全隐患。

(14)安装现场,必须有畅通的安全通道,房屋板、架物不得堵塞安全通道。

第六节 电线安装安全

一、外线安装电工安全

(1)遵守电工作业的一般规定和高处作业规程。

(2)在六级以上大风、大雨、雷电等情况下,严禁登杆作业。

(3)工作前必须检查周围环境。对新立杆,在杆基未完全牢固以前严禁攀登。对于明显倾斜,杆根腐蚀,以及冲刷、起土、上拔的电杆应先行加固,或支好架杆,打好帮桩和临时拉线后再上杆。凡需要松动导线、地线、拉线的电杆应先检查杆根并打好临时拉线或支好架杆后再行上杆。使用脚扣、登高板应符合安全规定。

(4)杆上作业时,地面应有人监护。材料、工具要用吊绳传递。杆下坠物范围内不准站人,现场工作人员应戴安全帽。

(5)杆上作业必须使用安全带。安全带应系在电杆及牢固构件上,不得拴在横担或瓷瓶上,应防止安全带从杆顶脱出。

(6)使用梯子时要有人扶持或绑牢。

(7)登杆进行倒闸操作必须由两人进行,一人操作,一人监护。操作机械传动的油开关或闸刀开关时,应戴绝缘手套。没有机械传动机构的闸刀开关、跌落式保险器等应使用绝缘棒并戴绝缘手套操作。登杆进行倒闸操作人员,应戴安全帽、系安全带。

(8)多人同登一杆时,应在各自选择好自己的工作位置后,一道开始工作,上下杆时,勿紧跟前者,须等前者到达工作位置或地面后,第二人再开始上、下杆。

(9)断开的断路器、闸刀开关的操作机构应加锁。跌落式保险器的保险管应取下,并应在断路器或闸刀开关的操作机构上挂"禁止合闸,有人工作"的警示牌。

(10)在停电线路上开始工作前,必须先在工作现场逐相验电并挂接地线。验电时应戴绝缘手套,并有专人监护。

(11)线路经本人验明确实无电后,工作人员应立即在工作地段两端及可能送电的分支路线挂接地线。挂接地线时要先接好地端、后接导线端。拆线时,次序应相反。装拆接地线应使用绝缘棒或戴绝缘手套。接地线必须用多股软铜线组成,截面面积不得小于 25 mm^2。临时接地极应打入地下不小于 0.6 m。接地电阻应符合要求。

(12)线路停电作业必须得到调度员的"已拉开电源,挂好接地线,许可开工"的通知,并办好工作票手续,在有人监护的情况下才能在工作现场验电并挂接地线,然后上杆工作。

工作结束后,必须检查线路状况及线路上有无遗留的工具、材料等,查明全部工作人员已由杆上撤回后,才能拆除现场接地线,报告检修工作完成,办理工作票终结手续。严禁约时停、送电。

(13)在杆上进行不停电工作时,必须经过危险作业审批。工作人员活动范围与带电导线距离不得小于表 2-1 的规定。

(14)停电检修线路如果和另一回路交叉或接近，以致工作时可能和另一回路导线接触或接近距离达到表 2-2 所列距离以内时，则另一回路也应停电并接地。

表 2-1　工作人员活动范围与带电导线间最小距离

电压(kV)	距离(m)
≤10	0.70
20～35	1.00
44	1.20
60～110	1.50

表 2-2　停电检修线路和另一回路间最小停电距离

电压(kV)	距离(m)
≤10	1.0
20～44	2.5
60～110	3.0

(15)同杆架设的两回路导线或平行架设的两回路导线，两个回路停电检修，另一回路带电时，工作负责人必须详细查明确实停电的线路，向工作人员仔细交待哪一个线路停电，哪一个线路带电，哪些杆塔许可上杆，以及注意事项，并设人监护。

(16)不停电或部分停电工作时，每一杆塔都应设专人监护。

(17)挖坑时注意事项：

①挖坑前必须调查地下管道，电缆等地下设施情况。事先要和主管单位联系，做好防护措施，对施工人员要交待清楚，并加强守护。

②在超过 1.5 m 深的坑内工作时，抛土要特别注意，防止土石回落坑内。

③在松软土地挖坑，应加挡板、撑木等防止塌方。

④在居民区、交通道路附近挖坑时，应设遮栏，夜间挂红灯。

⑤石坑打眼时应检查锤把、锤头及钢钎。打锤人应站在扶钎人侧面，严禁站在对面，并不得戴手套打锤，扶钎人应带安全帽。

(18)立杆与撤杆注意事项：

①必须设专人统一指挥，统一联系信号，遵守有关电气安装规范。

②立、撤杆过程中，杆坑内严禁有人工作。除指挥人及指定人员外，其他人员必须远离杆下在 1.2 倍杆高的距离以外。

立杆及修整杆坑时，应有防止杆身滚动、倾斜的措施，如采取用叉杆和拉绳控制等(拉绳与地面夹角应为 45°左右)。

③电杆已立起并符合规定要求后，应及时回填杆坑，并分层夯实，牢固后，方可撤去叉杆及拉绳。

④在撤杆工作中，拆除杆上导线前，应先检查杆根，采取防止倒杆措施。在挖坑前应先绑好拉绳。

⑤使用吊车立、撤杆时，应与吊车司机密切配合，遵守起重工、挂钩工安全规则。钢丝绳应吊在杆的适当位置，防止电杆突然倾倒。

(19)放线、撤线与紧线工作都应设专人统一指挥。紧线时应检查导线有无障碍物挂住。工作人员不得跨在导线上或站在导线内角侧。紧、撤线前应先检查拉线、拉桩及杆根。如不能适用时，应加设临时拉线加固。严禁采用突然剪断导线的办法松线。

(20)在交叉跨越各种线路、道路等处放、撤线时，必须先取得主管部门同意，采取安全措施，如搭设可靠的跨越架，在路口设专人看守等。

(21)杆上工作完毕后，应使用脚扣或升降板等下杆。严禁甩掉脚扣，从拉线绳上或抱杆快速溜滑。

(22)使用喷灯工作时,其油量不得超过容积的 3/4。打气要适当。不得使用漏油、漏气的喷灯。在高压设备附近使用喷灯时,火焰与带电部分的距离为:电压在 10 kV 及以下者不得小于 1.5 m,电压在 10 kV 以上者不得小于 3 m。在充油设备及易燃材料旁,禁止使用喷灯和火炉。

二、内线安装电工安全

(1)遵守电工作业一般安全规定。

(2)用手动弯管器弯管时,要精力集中,操作人员一定要错开所弯的管子,以免弯管器滑脱时摔伤人。操作位置必须选择宽阔平坦的地点。严禁站立在沟旁和高空房沿无护栏处操作。

(3)1 人以上套管子丝扣时,必须协调一致。在调扳牙时,扳把两侧不得站人,防止套丝扳打伤人。断管时拉锯不可用力过猛,以防锯条折断伤手。断管后先用锉刀或铣刀去毛刺,不能先用手指去摸。

(4)用火弯管时,必须将砂子炒干,用木楔堵紧管口。管子加热时,管口处禁止站人,以防放炮伤人。

(5)剔槽打眼时,锤把必须牢固,不得松动。錾子应无飞刺。剔混凝土槽、打望天眼时,必须戴好防护眼镜。使用大锤打眼时,禁止用手掌錾子,必须用夹钳掌錾子,以免大锤伤手、伤人。握锤把不许戴手套。打锤人应站在掌錾子人侧面,严禁站在对面。

(6)扫管、穿钢丝和穿线时,双方要一呼一应有节奏地进行,不要用力过猛,以免伤手。

(7)削线头时刀口要向外,削线时不能过猛,防止削在手指上。

(8)用大锤夯击地基时,要注意高度适当,锤砸下时,要稳、准,注意飞锤。扶地极的人要在侧面,不能摇晃,最好用大钳卡紧,人距地极要远些,以免被打伤。

(9)平断角钢时,要二人配合好,步调一致,平行操作,以防振手。

(10)在高处作业时,应遵守"高处作业安全",必须扎好安全带,戴好安全帽。高处工作传递物件时不得上下抛掷。

(11)在带电设备附近工作时,禁止使用钢卷尺测量。

(12)使用电动工具时,严禁将电动工具的外壳接地线和工作零线拧在一起插入插座。必须使用单相三眼、三相四眼插座,并使用三芯或四线橡套软电缆。用橡套软电缆连接移动设备时,专供接零的芯线上不许有工作电流通过。

(13)使用喷灯时,油量不得超过容积的 3/4。打气要适当。不得使用漏油、漏气的喷灯。在高压设备附近使用喷灯时,火焰与带电部分的距离为:电压在 10 kV 及以下者不得小于 1.5 m,电压在 10 kV 以上者不得小于 3 m。充油设备及易燃材料旁,禁止使用火炉和喷灯。

(14)使用梯子时,应检查梯子是否有防滑措施,踏步是否有裂纹、损坏现象。梯子与地面之间的角度以 75°为宜。在水泥地面上使用梯子时要有防滑措施。没有搭钩的梯子在工作中要有人扶持。使用人字梯时拉线必须牢固。不准使用用钉子钉成的梯子。

(15)电气设备的金属外壳必须接地,接地线要符合标准。电气施工应遵守电气安装规范。

(16)高压电动机或电器拆除后,遗留线头必须短路接地。

(17)安装灯头时,开关必须接在相线上,罗口灯头的螺丝必须接在零线上。

(18)若在高压设备及重要低压总盘与干线上工作,必须由工作票签发人签发工作票,并由值班人员停电、验电、装设接地线、悬挂警示牌与装设临时遮栏,会同工作负责人检查并办理好工作许可签字手续后方可进行。工作时必须有两人以上一起工作。

(19)高压设备停电工作时，与工作人员工作中正常活动范围的距离小于表2-3所规定的安全距离的设备，必须停电。距离大于表2-3但小于表2-1所规定的安全距离的设备，必须装置牢固的临时遮栏(此临时遮栏与带电部分的距离不应小于表2-3所列的安全距离)，否则必须停电。带电部分只能在工作人员的正面或一侧。带电部分在工作人员的后面或两侧时若无可靠措施，也必须停电。

表2-3　工作人员工作中正常活动范围与带电设备的安全距离

电压等级(kV)	安全距离(m)
≤10	0.36
20～36	0.6
44	0.9
60～110	1.5

(20)停电时必须切断各条回路可能来电的电源。不能只拉开断路器就进行工作，而必须拉开闸刀开关，使各条回路至少有一个明显的断开点。变压器与电压互感器必须从高低两侧断开。电压互感器的一、二次熔断器都要取下。断路器的操作电源要断开。闸刀开关的操作把手要锁住。

(21)检修设备导体，应用专用接地线接地，并三相短路。对可能送电给停电设备的各回路，或停电设备可能产生感应电压的，都要装设接地线，使工作地点处在各接地线的中间。工作中检修人员不许自行装拆或未经值班员许可而变动接地线。

(22)在电容器组回路上工作时，必须将电容器逐个对地放电，并接地。

(23)一经合闸即可把电送到工作地点的断路器和闸刀开关，其操作把手上都应悬挂"禁止合闸，有人工作"的警示牌。工作地点两旁和对面的带电设备遮栏上及禁止通行的过道上应悬挂"止步，高压危险"的警示牌。工作地点应悬挂"在此工作"警示牌。

(24)在带电的电流互感器二次回路上工作时，要严防电流互感器二次侧开路产生高电压。断开电流回路时，必须使用短路片或短路线在电流互感器二次侧的专用端子上使之短路。严禁用导线缠绕。工作中不得将回路的永久接地点断开。工作时必须有专人监护，使用绝缘工具，并站在绝缘垫上。

(25)在高压室内使用梯子工作时，要注意安放位置，使梯子即使倒下时也不致接近带电部分。

(26)在高压室内搬动梯子、管子等长物时，应两人放倒搬运，与带电部分保持足够的安全距离，并不断地加以监护。

(27)工作结束后，工作人员应清扫、整理现场。工作负责人应进行周密的检查。待全体工作人员撤离工作现场后，向值班人员详细交待工作内容和问题，并且共同检查，然后办理工作终结手续。

第七节　配电柜安装作业安全

一、一级(A)配电柜安装作业安全

(一)配电室安装要求

(1)配电室的顶棚距地面高度不低于3 m，配电装置顶端距顶棚不小于0.5 m。

(2)配电室应能自然通风，并采取防雨雪和小动物侵入等措施。

(3)配电室的门窗向外开，并配锁。

(4)配电室建筑物、构筑物的耐火等级不低于三级并设置可扑灭电气火灾的灭火器和砂

箱,门前应有安全通道。

(5)配电柜安装保证 1.5 m 宽的安全操作通道,铺设绝缘橡胶板。柜体安装要垂直,柜面整齐、平稳。底座与柜体固定牢固。

(6)底座槽钢与重复接地连接可靠,重复接地与柜体保护零线做电气连接。

(7)配电柜按顺序编号,柜内开关按系统图接线,并标明开关用途、路别。

(二)电缆敷设

(1)由配电室一级柜至二级配电箱的电缆采用直接埋地,埋地深度不小于 0.7 m,电缆周围铺 50 mm 厚的细砂,上面盖红砖保护,然后回填夯实。室内设电缆沟,宽度为 0.35 m,深度为 0.6 m。侧面抹灰防水,电缆出入穿管保护,电缆铺设后用棉纱堵好,将管口封闭,防水,防动物进入电缆沟、配电室。

(2)按规格大小选择电缆终端接线端子,接线端子(鼻子)应压接牢固,电缆线相序用相色带缠绕整齐,电缆垂直固定在支架上。电缆按路别标明去向及用途。

(三)接地装置要求

(1)现场采用 TN-S 接零保护系统。

(2)配电室内做一组重复接地装置。接地体选用 ϕ50 镀锌钢管,长度每根 2.5 m,接地连接线为 40×4 镀锌匾钢,每三根为一组,一字形排列,间距 5 m,埋于自然地面−0.8 m。连接采用焊接,搭接长度不小于连接体宽度的 2 倍以上,三面施焊,焊接后用沥青做防腐处理(具体做法可绘制示意图)。

(3)重复接地的接地电阻值小于等于 10 Ω。

(4)接地装置与配电柜内的零线端子板连接采用 M10 镀锌螺丝加弹簧垫压接可靠。

(四)安全注意事项

(1)电工作业必须做到持证上岗,穿戴好相应的劳保用品。

(2)严禁酒后上班作业。工作中不准打闹、开玩笑。

(3)操作中听从指挥,精力集中,防止配电柜倾斜伤人。

(4)使用喷火灯或电炉,要办理用火证,注意与操作人员保持安全距离,周边不得堆放易燃易爆物品,并且有防火措施。

(5)设备安装、调试,设监护人监护。

二、二级(B)配电柜安装作业安全

(一)安装 FXB 号箱为固定式配电箱

(1)按临时用电施工组织设计要求进行布置、设置。

(2)检查配电箱内电器是否完好齐全,与系统布置是否相符。

(3)配电箱应装设端正、牢固,箱体的中心点与地面的垂直距离为 1.4～1.6 m,箱内电器固定整齐,箱体与箱架固定牢固,箱内工作零线与保护零线端子板分开安装,并有明显标志。

(4)配电箱金属部分有压接保护零线螺丝,连接可靠。

(5)箱体防水防尘完好。

(二)配电箱防砸、防雨护栏及操作平台的做法

(1)操作平台用红机砖砌二四墙。高 0.5 m,外侧抹灰压光,并刷 10 cm 宽的红白相间的油漆,上面铺设 50 mm 厚的木板及绝缘垫作为操作平台。

(2)配电箱周围设金属围栏，高 1.8 m，栅栏间距 0.1 m，围栏正面悬挂配电箱管理制度及警示标志，围栏门向外开，并且配锁，上下每 0.3 m 间隔刷红白相间漆。

(3)配电箱护栏上面加盖防雨措施，瓦楞铁上面(方)0.3 m 为防砸棚，材料选用厚 50 mm 的木板满铺，周边用竹胶板封闭，并刷宝石蓝油漆，关且在正面做电符号标志，两侧设城建标志(严禁使用石棉瓦)。

(三)电缆敷设

(1)由配电室一级箱至二级箱电缆采用直接埋敷设，深度为 0.7 m，电缆周围铺设 50 mm 厚的细砂，然后用红机砖作保护层，再回填细土夯实，电缆直埋上面每 20 m 及转角处埋设电缆标志。

(2)电缆与开关直接使用铜质套筒式接线端子压接牢固，电缆各相用相色带缠绕整齐，固定在配电箱腿支架上，排列整齐并表明用途及路别。

(四)配电箱的安装固定

(1)配电箱要求固定、稳定，箱腿与平台木板用螺丝固定，配电箱前后的操作通道保持 1.2 m距离，配电箱两侧距离为 0.6 m。

(2)配电箱内门上有接线系统图，配电箱外门上设有编号及负责人。

(五)重复接地的做法

(1)接地体选用 ϕ50 镀锌钢管，每根长度为 2.5 m，接地连线为 40×4 镀锌匾钢，每三根为一组，一字形排列，间距 5 m，埋于自然地面－0.8 m，连接采用焊接，搭接长度不小于连接体宽度的 2 倍以上，三面施焊，焊接后用沥青做防腐处理。

(2)重复接地的接地电阻小于等于 10 Ω。

(3)重复接地线必须与配电箱内的保护零线端子板采用镀锌螺丝连接可靠。再通过保护零线端子板分别引至各需保护的设备设施。

(六)安全注意事项

(1)电工操作做到持证上岗，带好安全帽，穿戴好电工劳保用品，不得带电操作。

(2)设监护人监护。

(3)摇测绝缘电阻值及接地电阻值，二人操作，操作时严格执行操作规程，并作好摇测记录。

(4)防护棚安装中，注意高空作业，周边人员安全交叉时防止坠物伤人。

三、三级(C)配电柜安装作业安全

(1)由现场二级配电箱引出的配电箱为三级配电箱。可直接用于设备用电操作(即开关箱)。开关箱下底口距地垂直距离为 1.3 m，开关控制与设备之间间距不大于 3 m，开关箱设备的控制电缆采用沿墙穿管敷设，与地面之间采用埋地穿管敷设，不得地面明设。

(2)固定式开关箱与所控设备必须实行“一机”、“一闸”、“一箱”、“一漏”的控制方法。漏电开关与所控设备的容量相匹配，漏电动作电流小于 30 mA，漏电动作时间小于 0.1 s。

(3)每条主干线末端的开关分别按规范标准做重复接地连接到设备金属外壳，连接可靠。重复接地电阻值小于等于 10 Ω。

(4)配电箱固定在金属腿架上，电箱中心点与地面的垂直距离为 1.4～1.6 m，壁挂式箱底口距地高度为 1.4 m，安装垂直牢固。

(5)配电箱门上外侧设有配电编号、负责人及所控设备名称。

(6)电源电缆在室外采用埋地敷设，埋设深度为 0.7 m，电缆周围铺 50 mm 厚的细砂，上面用红机砖满铺保护，回填细土，加电缆走向标志桩。

(7)配电箱要有防雨、防砸措施，设备控制箱配锁锁箱。

(8)安全注意事项：

①严格执行操作规程，持证上岗。

②穿戴好相应的劳保用品，正确操作。

③摇测电缆绝缘电阻值，二人操作，按操作规程正确使用并作记录。

④安装时精力集中，防止设备滑落伤人。

第八节　维修电工安全

从事电气工作人员，必须具备电气的基本知识，学徒工、实习生不得单独作业。非电气人员禁止从事电气作业。

(1)遵守电工作业一般规定。

(2)严禁带负荷拉隔离开关和闸刀开关。

(3)不准在设备运转过程中拆卸修理，必须停车并切断设备电源，按安全操作程序进行工作。

(4)输电线路、电气设备和开关的安装位置不得影响人员与车辆通行，电气设备的外壳应有可靠的接地和接零。

(5)临时工作中断后或每班开始工作前，都必须重新检查电源是否确已断开，并验明是否无电。

(6)每次维修结束时，必须清点所带工具、零件，以防遗失和留在设备内造成事故。

(7)由专门检修人员修理电气设备时，双方要进行登记。完工后要作好交待并共同检查，方可送电。

(8)带电装卸熔断器管时，要戴防护眼镜和绝缘手套，必要时使用绝缘夹钳，站在绝缘垫上。

(9)熔断器的容量要与设备和线路安装容量相适应。

(10)电气设备的外露可导电部分必须可靠地与电网 PE 线连接，零线与地线必须分开。接地线截面要符合标准，维修时应全面检查。

(11)临时装设的电气设备必须符合临时接线规程。

(12)动力配电盘、配电箱、开关、变压器等各种电气设备的附近，不准堆放各种易燃、易爆、潮湿和其他影响操作的物件。

(13)使用梯子时，梯子要有防滑措施，踏步应牢固无裂纹。梯子与地面之间的角度以 75°为宜。没有搭钩的梯子在工作中要有人扶住梯子。使用人字梯时拉绳必须牢固。

(14)使用喷灯时，油量不得超过容积的 3/4，打气要适当。不得使用漏油、漏气的喷灯。不准在易燃物品附近点燃或使用喷灯。

(15)电气设备发生火灾时，要立即切断电源。使用 ABC 干粉灭火器灭火，严禁用泡沫灭火器或水灭火。

(16)从事现场作业、高空作业，必须有两人以上。

(17)设备和线路未经证实无电，不得轻易触摸。

(18)对地电压 250 V 以上,禁止带电作业:250 V 以下,需带电作业时必须采取安全措施。

(19)雷雨交加时应停止工作,不得靠近带电体。

(20)检修人员工作完毕后,应清点工具防止遗忘在设备上面造成事故。

(21)如工作人员两侧、后方有带电部分,应特别加设防护遮栏。

(22)在已停电但未装地线设备上工作时,应先将设备对地放电。

第九节 起重吊装作业安全

一、汽车式和轮胎式起重机安全

(1)起重机的启动参照有关内燃机的规定执行。

(2)起重机在公路或城市道路上行驶时,应执行交通管理部门的有关规定。

(3)起重机作业前的注意事项:

①检查各安全保护装置和指示仪表应齐全。

②燃油、润滑油、液压油及冷却水应添加充足。

③开动油泵前,先使发动机低速运转一段时间。

④检查钢丝绳及连接部位应符合规定。

⑤检查液压系统压力是否正常。

⑥检查轮胎气压及各连接件应无松动。

⑦调节支腿,务必按规定顺序打好完全伸出的支腿,使起重机呈水平状态,调整机体使回转支承面的倾斜度在无载荷时不大于 1/1 000(水准泡居中)。

⑧充分检查工作地点的地面条件。工作地点地面必须具备能将起重机呈水平状态,并能充分承受作用于支腿的力矩的条件。

⑨注意地基是否松软,如较松软,必须给支腿垫好能承载的木板或木块。

⑩支腿不应靠近地基挖方地段。

【案例】南京江宁岔路口地铁一号延长线起重机侧翻事故

(1)事故概况

2008 年 12 月 26 日,在南京江宁岔路口地铁一号延长线施工现场,一台起重机在进行吊装作业时,突然失去重心侧翻。所幸起重机倒下时,其巨大的起吊臂压在混凝土梁上,吊臂虽折断为两截,但没有栽进施工现场所掘的深坑中。事故现场一辆大型起重机一侧 4 个轴上的 6 个轮子侧翻着朝向半空,其力臂及驾驶室均侧向施工工地的深沟上方。这辆吊车向右侧侧翻,力臂压在一排粗大的混凝土梁上,而旁边则杂乱地堆放着多根大口径的钢管。起重机的力臂已折断,受混凝土梁架的支撑,起重机并没有栽下坑中。但所幸事故没有造成人员伤亡。图 2-1 为起重机侧翻事故现场图。

(2)事故原因

起重机吊物时,这辆大型起重机轮胎爆裂,而且,支起的 4 个铁支架,靠北侧的一个支架地基土壤松动,致使起重机重心不稳,并向一侧侧翻,发生了起重机侧翻事故。

⑪应预先调查地下埋设物,在埋设物附近放置安全标牌,以引起注意。

⑫确认所吊重物的重量和重心位置,以防超载。

⑬根据起重作业曲线,确定工作半径和额定总起重量,即调整臂杆长度和臂杆的角度,使之安全作业。

图 2-1　南京江宁岔路口地铁一号延长线起重机侧翻事故现场

⑭应确认提升高度。根据起重机的机型，能把吊钩提升到的高度都有具体规定。应预先估计绑绳套用钢丝绳的高度和起吊货物的高度所需的余量，否则不能把货物提升到所需的高度。应留出臂杆底面与吊货之间的空隙。

(4)起重机起吊作业注意事项

①起升或下降

a. 严格按载荷表的规定，禁止超载，禁止超过额定力矩。在起重机作业中绝不能断开全自动超重防止装置(ACS 系统)，禁止从臂杆前方或侧面拖曳载荷，禁止从驾驶室前方吊货。

b. 操纵中不准猛力推拉操纵杆，开始起升前，检查离合器杆必须处于断开位置上。

c. 自由降落作业只能在下降吊钩时或所吊载荷小于许用载荷的 30%时使用，禁止在自由下落中紧急制动。

d. 当起吊载荷要悬挂停留较长时间时，应该锁住卷筒鼓轮。但在下降货物时禁止锁住鼓轮。

e. 在起重作业时要注意鸣号警告。

f. 在起重作业范围内除信号员外其他人不得进入。

g. 在起重作业时，要避免触电事故，臂杆顶部与线路中心的安全距离为：6.6 kV 为3 m；66 kV 为 5 m；275 kV 为 10 m。

h. 若两台起重机共同起吊一货物时，必须有专人统一指挥，两台起重机性能、速度应适合于各自分提的载荷值，应小于一台起重机的额定总起重量的 80%。其重物的重量不得超过两机起重量总和的 75%。

②回转

a. 回转作业时，不要紧急停转，以防吊物剧烈摆动发生危险。

b. 回转中司机要注意机上是否有人或后边有无障碍危险。

c. 不回转时将回转制动锁住。

③起重臂伸缩时

a. 不得带载伸缩臂杆。

b. 伸缩臂杆时，应保持吊臂前滑轮组与吊钩之间有一定距离。起重外臂外伸时，吊钩应尽量低。

c. 主副臂杆全部伸出，臂角不得小于使用说明书规定的最小角度，否则整机将倾覆。

④轮胎式起重机需带载行走时，道路必须平坦坚实，载荷必须符合原厂规定。重物离地高度不得超过 50 cm，并拴好拉绳，缓慢行驶，严禁长距离带载行驶。

(5)起吊作业停止后注意事项

①完全缩回起重臂，并放在支架上，将吊钩按规定固定好，制动回转台。

②应按规定顺序收回支腿并固定好。

二、履带起重机安全

(1)每班工作前，司机必须按规定进行各项检查与保养后，方可启动发电机。发动机启动前，应将所有操纵杆放在空挡位置。发动后应注意各部仪表指示是否正常，是否有异响。确认正常后方可开始工作。

(2)开始工作前，应先试运转一次。运转时先接上主离合器再按顺序扳动各机构的操纵杆，检查各机构的工作是否正常，制动器是否灵敏可靠，必要时应加以调整或检修。

(3)作业前应注意在起重机回转范围内有无障碍物。

(4)起重臂最大仰角不得超过原厂规定，无资料可查时，最大仰角不得超过 78°。

(5)重物起吊时，司机的脚应放在制动器踏板上，并严密注意起吊物的升降，勿使起重吊钩到达顶点。

(6)起吊最大或接近额定重量时，起重机必须置于坚硬而水平的地面上，如地面松软和不平时应采取措施。起吊时的一切动作应以缓慢的速度进行，禁止同时进行两种动作。

(7)吊物行走时，地面应坚实平坦，起重臂应在履带正前方，重物离地高度不得超过 0.5 m，回转机构、吊钩的制动器必须刹住。起重机禁止作运输机械使用。

(8)空车行走转向时不得过快过急。下坡时严禁空挡滑行。

(9)在深坑边工作时，机身与坑边应根据土质情况保持必要的安全距离，以防塌方。

(10)起重机行走时，避免在松软或不能承受重压的管、沟、地面上行驶，以防翻倒或压坏管、沟。如果必须通过，应在地面上铺上结实的木板。

(11)起重机不能在斜坡上横向运行，更不允许朝坡的下方转动起重臂。

(12)工作完毕后，应关闭发动机，操纵杆放到空挡位置，将各制动器刹死。冬季应将冷却水放尽。并将驾驶室门窗锁住。

(13)履带起重机必须遵守起重机械的一般安全技术规程。

三、起重工安全

(1)起重工应经培训考试合格取得特种作业人员操作证后，凭操作证操作，严禁无证操作。

(2)起重指挥应由技术熟练、懂得起重机械性能的人员担任。指挥时应站在能够照顾到全面工作的地点，所发信号应事先统一，并做到准确、洪亮和清楚。

(3)80 t 以上的设备和构件，风力达五级时应停止吊装。

(4)所有人员严禁在起重臂和吊起的重物下面停留或行走。

(5)使用卡环应使长度方向受力，抽销卡环应预防销子滑脱，有缺陷的卡环严禁使用。

(6)起吊物件应使用交互捻制的钢丝绳(安全系数见表 2-4)。钢丝绳如有扭结、变形、断丝、锈蚀等异常现象，应及时降低使用标准或报废。钢丝绳断丝折减或报废标准见表 2-5。

表 2-4 安全系数

钢丝绳的用途	安全系数
缆风绳	3.5
缆索起重机承重绳	3.75
手动起重设备	4.5
机动起重设备	5～6
作吊索无弯曲	6～7
作捆绑吊索	8～10
用于载人的升降机	14

表 2-5 钢丝绳断丝折减或报废标准

折减或报废	钢丝绳种类(交互捻制)			
	6×19＋1	6×24＋1	6×37＋1	6×61＋1
1.00	0～5	0～7	0～10	0～15
0.90	6～10	8～14	11～20	16～25
0.80	11～16	15～20	21～30	26～40
报废	＞16	＞20	＞30	＞40

(7)编结绳扣(千斤)应使各股松紧一致,编结部分的长度不得小于钢丝绳直径的 15 倍,并且不得短于 300 mm。用卡子连成绳套时,卡子不得少于 3 个。

(8)使用绳卡,应将有压板的放在长头一面。其应用范围应符合表 2-6 的规定。

表 2-6 绳卡使用规定

绳卡型号	卡杆直径(mm)	允许承载力(t)	适用于钢丝绳直径(mm)	绳卡间距(mm)	绳卡使用数量(个)
Y1－6	M6	0.72	7.4～8	90	3
Y2－8	M8	1.28	8.7～9.3	90	3
Y3－10	M10	2.00	11	90	3
Y4－12	M12	2.40	12.5～14	100	3
Y5－16	M14	2.88	15～17.5	100	3
Y6－20	M16	5.12	18.5～20	120	4
Y7－22	M18	6.48	21.5～23.5	140	4
Y8－25	M20	8.00	24～26.5	160	5
Y9－28	M22	9.68	28～31	180	5
Y10－32	M24	11.50	32.5～37	200	5
Y11－40	M25	12.50	39～44.5	250	6
Y12－45	M27	14.80	46.5～50.5	300	6
Y13－50	M30	18.00	52～56	300	6
			60 以上	350	7

(9)使用 2 根以上绳扣吊装时,绳扣间的夹角如大于 100°,应采取防止滑钩等措施。

(10)使用 4 根绳扣吊装时,应在绳扣间加铁扁担等调节其松紧度。

(11)使用开口滑车必须扣牢。禁止人员跨越钢丝绳和停留在钢丝绳可能弹及的地方。

(12)起吊物件,应合理设置溜绳。

(13)装运易倒构件应用专用架子,卸车后应放稳搁实,支撑牢固。

(14)起吊屋架由里向外起板时,应先起钩配合降伸臂。由外向里起板时,应先起伸臂配合起钩。

(15)使用抽销卡环吊构件时,卡环主体和销子必须系牢在绳扣上,并应将绳扣收紧。严禁在卡环下方拉销子。

(16)无缆风校正柱子应随吊随校。但偏心较大、细长、杯口深度不足柱子长度的 1/20 或不足 60 cm 时,禁止无缆风校正。

(17)禁止将物件放在板形构件上起吊。吊装不易放稳的构件,应用卡环,不得用吊钩。

(18)装运重心高、偏心大或易滚动的设备等,应合理搁置,并采取稳固措施。

(19)作业中要严格遵守起重安全"十不吊":

①超载或被吊物重量不清不吊。

②指挥信号不明确不吊。

③捆绑、吊挂不牢或不平衡,可能引起滑动时不吊。

④被吊物上有人或浮置物时不吊。

⑤结构或零部件有影响安全工作的缺陷或损伤时不吊。

⑥遇有拉力不清的埋置物件时不吊。

⑦工作场地昏暗,无法看清场地、被吊物和指挥信号时不吊。

⑧被吊物棱角处与捆绑钢绳间未加衬垫时不吊。

⑨歪拉斜吊重物时不吊。

⑩容器内装的物品过满时不吊。

四、起重指挥人员安全

(1)吊运指挥人员必须是18周岁以上(含18周岁),视力(包含矫正视力)在0.8以上,无色盲症,听力能满足工作条件的要求,身体健康。

(2)指挥人员必须是经安全技术培训,劳动部门考核合格,并发给安全操作证后,方可从事指挥。

(3)指挥人员必须严格执行GB 5082—85标准,与起重机司机联络时做到准确无误。

(4)指挥人员必须熟知《起重机械安全规程》(GB 6067—85)和《起重机械吊具与索具安全规程》(LD 48—93)。

(5)指挥人员对所指定的起重机械,必须熟悉技术性能后方可指挥。

(6)指挥人员不能干涉起重司机对手柄或旋钮的选择。

(7)指挥人员负责载荷的重量计算和索具吊具的正确选择。

(8)指挥人员负责对可能出现的事故采取必要的防范措施。

(9)指挥人员应佩戴鲜明的标志和特殊颜色的安全帽。

(10)指挥人员在发出吊钩或负载下降信号时,应有保护负载降落地点的人身、设备安全措施。

(11)在开始指挥起吊负载时,用微动信号指挥,待负载离开地面100～200 mm时,停止起升,进行试吊,确认安全可靠后,方可用正常起升信号指挥重物上升。

(12)指挥起重机在雨雪天气作业时,应先经过试吊,检验制动器灵敏可靠后,方可进行正常的起吊作业。

(13)在高处指挥时,指挥人员应严格遵守高处作业安全要求。

(14)指挥人员选择指挥位置时:

①应保证与起重机司机之间视线清楚;

②在所指定的区域内,应能清楚地看到负载;

③指挥人员应与被吊运物体保持安全距离;

④当指挥人员不能同时看见起重机司机和负载时,应站到能看见起重司机的一侧,并增设中间指挥人员传递信号。

(15)作业中要严格遵守起重安全"十不吊"。

五、吊索、吊具安全使用规程

(1)作业时必须根据吊物的重量、体积、形状等选用合适的吊索具。

(2)严禁在吊钩上补焊、打孔。吊钩表面必须保持光滑,不得有裂纹。严禁使用危险断面磨损程度达到原尺寸的10%、钩口开口度尺寸比原尺寸增大15%、扭转变形超过10%、危险断面或颈部产生塑性变形的吊钩。板钩衬套磨损达原尺寸的50%时,应报废衬套。板钩心轴磨损达原尺寸的5%时,应报废心轴。

(3)编插钢丝绳索具宜用6×37的钢丝绳。编插段的长度不得小于钢丝绳直径的20倍,且不得小于300 mm。编插钢丝绳的强度应按原钢丝绳强度的70%计算。

(4)吊索的水平夹角应大于45°。

(5)使用卡环时,严禁卡环侧向受力,起吊前必须检查封闭销是否拧紧。不得使用有裂纹、变形的卡环。严禁用焊补方法修复卡环。

(6)凡有下列情况之一的钢丝绳不得继续使用。

①断股或使用时断丝速度增大。

②在一个节距内的断丝数量超过总丝数的10%。

③出现拧扭死结、死弯、压扁、股松明显、波浪形、钢丝外飞、绳芯挤出及断股等现象。

④钢丝绳直径减少7%~10%。

⑤钢丝绳表面钢丝磨损或腐蚀程度,达到表面钢丝直径的40%以上,或钢丝绳被腐蚀后,表面麻痕清晰可见,整根钢丝绳明显变硬。

⑥使用新购置的吊索具前应检查其合格证,并试吊,确认安全。

(7)扁平尼龙吊带

①检查吊带上的标签工作识别,长度和最大工作负荷。

②在使用之前检查吊带表面,如果有损坏就不能再次使用(目测吊带表面损坏程度25%)。

③起吊边缘锐利的物品时要增加吊带保护套,以免损坏吊带。

④不能将吊带扭曲打结使用。

⑤起吊时要注意物品受力的中心点,保持水平状态操作。

⑥不要直接拉出吊带以免造成损坏,用木头等辅助垫高空隙后才能取出吊带。

⑦吊带不要在地面上拖行。

⑧不要将手放进吊带的间隙,否则会造成伤害。

⑨操作人员不要在起重物下停留。

⑩不要强烈震动。超负荷使用会令吊带断裂。

⑪高温和化学的环境先考虑是否适应使用。

(8)当生产与安全发生矛盾时,必须服从安全。

六、起重司索人员安全

(1)作业前,应穿戴好安全帽及其他防护用品。

(2)根据吊重物体的具体情况选择相适应的吊具与索具。

(3)作业前应对吊具与索具进行检查后,方可投入使用。

(4)起升重物前,应检查连接点是否牢固可靠。

(5)吊具承载时不得超过额定起重量，吊索(含各分支)不得超过安全工作载荷。

(6)作业中不得损坏吊件、吊具与索具，必要时应在吊件与吊索的接触处加保护衬垫。

(7)起重机吊钩的吊点，应与吊物中心在同一条铅垂线上使吊重处于稳定平衡状态。

(8)禁止司索或其他人员站在吊物上一同起吊，严禁司索人员停留在吊重下。

(9)起吊重物时，司索人员应与重物保持一定的安全距离。

(10)应做到经常清理作业现场，保持道路畅通。安全通道畅通无阻。

(11)听从指挥人员的指挥，发现不安全情况时，及时通知指挥人员。

(12)经常保养吊具、索具、确保使用安全可靠，延长使用寿命。

(13)在高空作业时，应严格遵守高空作业的安全要求。

(14)捆绑后留出的绳头，必须紧绕吊钩或吊物上，防止吊物移动时，挂住沿途人员或物件。

(15)吊运成批零散物件，必须使用专门吊篮、吊斗等器具，同时吊运两件以上重物，要保持平稳，不得相互碰撞。

(16)吊重物就位前，要垫好衬木，不规则物体要加支撑，保持平衡，不得将物件压在电气线路和管道上面，或堵塞通道，物件堆放要整齐平稳。

(17)卸往运输车辆上的吊物，要注意观察中心是否平稳，确认不致倾倒时，方可松绑、卸物。

(18)工作结束后，所使用的索具，吊具应放置在规定的地点，加强维护保养，达到报废标准的吊具索具要及时更换。

第十节　测量放线安全

(1)认真学习和贯彻国家、行业测量法律、法规和规范、规程，明确为工程服务，按图施工并对工程进度负责的工作目的。

(2)严格遵循先整体后局部，先控制后细部放线的工作程序。

(3)必须严格审核测量起始数据的准确性，坚持测量作业与计算步步有校核的工作方法。

(4)选择测法要科学简捷，精度要合理相称，在满足工程需要的前提下，力争做到省工、省时、省费用。

(5)坚持定位放线工作，必须执行自检、互检合格后，由有关部门及监理验收的工作制度，重要轴线控制桩、标高、控制桩由业主测量人员复核，一般放线由现场测量员、质检工程师、技术员检查合格后报监理验收。

(6)测量记录要保证原始真实，数据正确，内容完整，字迹工整清楚，测量资料要及时收集整理，认真保管。

(7)测量人员必须持证上岗，进入施工现场必须戴安全帽，井口、高处临边和 2 m 及以上高处作业，必须系挂安全绳，安全绳高挂低用。

(8)测量仪器、钢尺必须经过法定专业计算部门检定，不得使用未经检定或检定不合格的仪器进行测量，测量仪器必须精心使用，妥善保管。

(9)进入吊装、临边、井口、井下、盾构区间、盾构机内测量时，必须事先通知盾构机操作人员，待盾构机传动系统完全停止工作后，方可进入测量，并有专人监护。在电机车运行区间内测量时，必须事先通知调车员，测量工作周边范围，必须有专人监护。在车辆运行周边、起重吊装周边进行测量时，必须事先通知操作人员和现场生产负责人，并有专人监护。在高处测量，必须佩戴安全绳并有专人监护。

(10)进入社会公共区域测量,必须穿着红色反光条防护服,进入隧道区间测量,必须穿着白色反光条防护服,在测量周边必须安放警示标志,并设专人监护。

(11)主测人员在进行看镜测量时,在条件允许,确认安全的前提下可以不戴安全帽,其他人员必须佩戴安全帽。

(12)施工现场严禁嬉戏打闹。

第十一节 乙炔瓶和氧气瓶的安全

一、乙炔气瓶安全技术操作规定

(1)乙炔气瓶在使用、运输、贮存时,环境温度不得超过40℃。

(2)乙炔瓶的漆色必须保持完好,不得任意涂改。

(3)乙炔气瓶在使用时必须装设专用减压器。回火防止器,工作前必须检查是否好用,否则禁止使用,开启时,操作者应站在阀门的侧后方,动作要轻缓。

(4)使用压力不超过 0.05 MPa,输气流量不应超过 1.5～2.0 m^3/h。

(5)使用时要注意固定,防止倾倒,严禁卧入使用,对已卧入的乙炔瓶,不准直接开气使用,使用前必须先立牢静止 15 min 后,再接减压器使用,否则危险。禁止敲击、碰撞等粗暴行为。

(6)气瓶不得靠近热源和电器设备,夏季要有遮阳措施防止暴晒,与明火的距离要大于10 m(高空作业时是与垂直地面处的平行距离)。

(7)工作地点频繁移动时,应装在专用小车上,乙炔瓶和氧气瓶应避免放在一起。

(8)严禁铜、银、汞等及其制品与乙炔接触,与乙炔接触的铜合金器具含铜量须高于 70%。

(9)使用中的乙炔瓶内气体不得用尽,剩余压力应符合安全要求:当环境温度<0 ℃时,压力应不低于 0.05 MPa;当环境温度为 25℃～40 ℃时,压力应不低于 0.3 MPa。

(10)在用汽车、手推车运输乙炔瓶时,应轻装轻卸。严禁抛、滑、滚、碰。吊装搬运时,应使用专用夹具和防雨的运输车,严禁用电磁起重机和链绳吊装搬运。

(11)装运时,应妥善固定汽车装运乙炔瓶横向放置时,头部应朝向一方,装车高度不得超过车箱高度,直立排放时,车箱高度不得低于瓶高的 1/3。

(12)夏季要有遮阳措施,防止暴晒,严禁与氯气瓶、氧气瓶及易燃物品同车运输。

(13)装运乙炔瓶的车辆禁止烟火。

(14)乙炔瓶在使用现场或班组小库内储量不得超过 5 瓶,可与耐火等级不低于二级的厂房相邻建造,相邻的墙应是无门窗洞的防火墙,严禁任何管线穿过。

(15)乙炔瓶贮存时要保持直立,并有防倒措施,严禁与氧气瓶、氯气瓶及易燃品同向储存,储存间与明火和散放火地点距离不得小于 10 m,不应设在地下室或半地下室。

(16)乙炔瓶严禁放在通风不良及有放射线的场所,不得放在橡胶等绝缘体上,瓶库或储存间要有专人管理,要有消防器材及醒目的防火标志。

二、氧气瓶安全技术操作规程

1. 运输

(1)在运输前,要检查瓶嘴气阀安全胶圈是否齐全,瓶身、瓶嘴是否有油类等。

(2)装卸时,瓶嘴阀门朝同一方向,防止互相碰撞、损坏和爆炸。

(3)不准装运其他可燃气体。

(4)在强烈阳光下运输时,要用帆布遮盖。

2. 氧气瓶保管与存放

(1)库房周围不得放易燃物品。

(2)库内温度不得超过 30 ℃,距离热源明火在 10 m 以外。

(3)氧气瓶减压阀,压力计、接头与导管等,要涂标记。

3. 氧气瓶使用规定

(1)安装减压阀前,先将瓶阀微开 1~2 s,并检验氧气质量,合乎要求方可使用。

(2)瓶中氧气不准用净,应留 0.1 MPa。

(3)检查瓶阀时,只准用肥皂水检验。

(4)氧气瓶不准改用充装其他气体使用。

第十二节 电焊气割作业安全

电焊气割作业必须办理动火许可证,在作业前必须有防火、灭火设施,作业过程中及作业后要按照操作规程清理现场火患,时刻注意防止火灾发生。

一、电焊机安装、搬运

1. 基本要求

(1)作业人员必须是经过专业培训和考试合格,取得特种作业操作证持证上岗。

(2)必须一人作业,一人监护,作业人员穿绝缘鞋,停电验电后再作业。

(3)进入施工现场必须戴好合格的安全帽,系紧下颚带,锁好带扣,高处作业必须系好合格的安全带,系挂牢固,高挂低用,并有专人监护。

(4)进入施工现场禁止吸烟,禁止酒后作业,禁止追逐打闹,禁止操作与自己无关的机械设备,严格遵守各项安全和劳动纪律。

(5)进入作业地点时,先检查、熟悉作业环境。若发现不安全因素、隐患,必须及时向有关部门汇报,并立即处理,确认安全后再进行施工作业,对施工过程中发现危及人身安全的隐患,应立即停止作业,及时要求有关部门处理解决。现场所有安全防护设施和安全标志等,严禁私自移动和拆除,如需暂时移动和拆除的须报经有关负责人审批后,在确保作业人员及其他人员安全的前提下才能拆移,并在工作完毕(包括中途休息)后立即复原。

2. 安装使用要求

(1)电焊机安装前应做如下检查:

①先检查外观是否完好,各转动部件是否正常,各连接部位是否牢固;

②摇测一次线圈对二次线圈的绝缘电阻值不小于 300 MΩ;

③摇测一次线圈对金属外壳的绝缘电阻值不小于 300 MΩ;

④摇测二次线圈对金属外壳的绝缘电阻值不小于 300 MΩ;

⑤检查电流调节开关是否完好、灵活可靠。

(2)电焊机安装在专用防雨、防砸棚栏内,控制箱内安装防触电装置,控制箱安装在防护栏一端预留位置。电焊机的控制箱必须是独立的,容量符合焊接要求,控制装置应能可靠地切断设备最大额定电流。

(3)电焊机一次侧电源线选用 YC−3×10 橡套电缆长度小于 5 m。控制箱保护零线端子板、焊机金属外壳与保护零线可靠连接。注意一次、二次线不可接错，输入电压必须符合电焊机的铭牌规定。

(4)电焊机一、二次侧防护罩齐全，电源压按牢固并包扎完好无明露带电体，把线与焊机采用铜质按线端子，焊把长度不大于 30 m，并且双线到位，导线完好无破损。

(5)焊机使用、摆放在防雨、干燥和通风良好，远离易燃易爆物品和便于操作的位置。

(6)搬运时必须切断电源，将电焊机电源线从控制开关下口拆除后再搬运。

(7)搬运过程中注意人身及设备安全，防止碰撞。达到使用地点检查确认完好。参照本交底 2～5 条执行，严禁使用小推车作电焊机安装平台。

(8)作业完毕拉闸、断电、锁箱。

二、电焊作业

(1)电焊作业人员必须是经过电、气焊专业培训和考试合格，取得特种作业操作证的电气焊工并持证上岗。

(2)电焊作业人员作业时必须使用头罩或手持面罩，穿干燥工作服，绝缘鞋，用耐火防护手套，耐火的护腿套、套袖及其他劳动防护、保护用品、安全用具。要求上衣不准扎在裤子里，裤脚不准塞在鞋(靴)里，手套套在袖口外。

(3)进入施工现场必须戴好合格的安全帽，系紧下颚带，锁好带扣，高处作业必须系好合格的防火安全带，系挂牢固，高挂低用，并有专人监护。

(4)进入施工现场禁止吸烟，禁止酒后作业，禁止追逐打闹，禁止窜岗，禁止操作与自己无关的机械设备，严格遵守各项安全和劳动纪律。

(5)进入作业地点时，先检查、熟悉作业环境。若发现不安全因素、隐患，必须及时向有关部门汇报，并立即处理，确认安全后再进行施工作业。对施工过程中发现危及人身安全的隐患，应立即停止作业，及时要求有关部门处理解决。现场所有安全防护设施和安全标志等，严禁私自移动和拆除，如需暂时移动和拆除的须报经有关负责人审批后，在确保作业人员及其他人员安全的前提下才能拆移，并在工作完毕(包括中途休息)后立即复原。

【案例】隧道火灾造成重大影响

(1)事故经过

地铁区间隧道二衬施工已基本结束，只余 2.7 m 宽的特殊变形缝处正在进行二衬施工。2008 年 12 月 30 日下午 16 时 30 分左右，在所施工的一处变形缝，已做好二衬模板定位，在进行切割衬砌台车泵送混凝土浇注口时，切割下的钢板不慎掉入已立好的模板内部无法取出，引起模板内底部改性沥青防水卷材燃烧(改性沥青自黏式防水卷材，燃烧后溶化并释出大量浓烟)。现场施工人员立即使用备用的灭火器进行扑救，但由于模板台车已定好位，空间狭小且有钢筋阻挡，尽管使用了灭火器及自来水，但扑救效果不明显，导致火势漫延，施工现场副经理安排人员迅速撤离，未造成人员伤亡。2009 年 1 月 2 日上午 10 点，其他单位标段车站施工中，由于同样原因发生同样的火灾，两年内不得参加本市地铁的投标，严重损害了企业形象。

(2)原因分析

①现场作业人员安全意识淡薄，在用电焊切割模板台车灌注孔时，对电焊明火作业可能引燃防水卷材的后果认识不充分，切割下的灼热钢板未采取防护措施，掉入待灌注的模板内，引

燃底部改性沥青防水卷材产生大量浓烟是造成事故的直接原因。

②现场制定的混凝土支模施工方案不细，方案未充分考虑模板台车定位后灌注孔位置与现场实际情况的差异，未在模板台车定位前对模板台车灌注孔进行改造是造成事故的主要原因。

③对改性沥青自黏式防水卷材这种新型防水材料的可燃性认识不足，是造成事故的间接原因。

(6)严禁借用金属管道，金属脚手架、轨道，结构钢筋等金属物代替导线作用。

(7)焊接电缆横过通道时必须采取穿管、埋入地下、架空等保护措施。

(8)风力六级以上，雨天不得露天作业，雨天应消除积水后方可作业。

(9)作业时如遇到以下情况必须切断电源：

①改变电焊机接头；

②更换焊件需要改接二次回路时；

③转移工作地点搬运焊机时；

④焊机发生故障需要进行检修时；

⑤更换保险装置时；

⑥工作完毕或临时离开操作现场时。

三、气割气焊

1. 基本要求

(1)作业人员必须是经过电、气焊专业培训和考试合格，取得特种作业操作证的电气焊工并持证上岗。

气焊(割)作业人员要穿灵便的耐火工作服，要求上衣不准扎在裤子里，裤脚不准塞在鞋(靴)里，手套套在袖口外，戴护目镜。

(2)进入施工现场必须戴好合格的安全帽，系紧下颚带，锁好带扣，高处作业必须系好合格的防火安全带，系挂牢固，高挂低用，并有专人监护。

(3)进入施工现场禁止吸烟，禁止酒后作业，禁止追逐打闹，禁止窜岗，禁止操作与自己无关的机械设备，严格遵守各项安全和劳动纪律。

(4)进入作业地点时，先检查、熟悉作业环境。若发现不安全因素、隐患，必须及时向有关部门汇报，并立即处理，确认安全后再进行施工作业。对施工过程中发现危及人身安全的隐患，应立即停止作业，及时要求有关部门处理解决。现场所有安全防护设施和安全标志等，严禁私自移动和拆除，如需暂时移动和拆除的须报经有关负责人审批后，在确保作业人员及其他人员安全的前提下才能拆移，并在工作完毕(包括中途休息)后立即复原。

2. 氧气瓶、乙炔瓶安全使用要求

(1)氧气瓶应与其他易燃气瓶、油脂、易燃易爆物分别存放，氧气瓶库应与高温、明火保持10 m以上距离。

(2)储存高压氧气瓶时应拧紧瓶帽，放置整齐，留有通道，并固定。

(3)气瓶应设有防震圈和安全帽。搬运和使用时严禁撞击。运输时应立放并固定。严禁用自行车或起重设备调运高压气瓶。

(4)氧气阀不得沾有油脂、灰土，不得用带油脂的工具、手套或工作服接触氧气瓶。

(5)氧气瓶禁止在强烈日光下暴晒，夏天露天作业应搭设防晒罩、棚。

(6)氧气瓶与焊炬、割炬及其他明火的距离应大于 10 m,与乙炔瓶的距离不小于 5 m。

(7)现场乙炔瓶存量不得超过 5 瓶,5 瓶以上应放在储存间单独存放,储存间与明火的距离不小于 15 m,并应通风良好,设有降温设施、消防设施和通道,避免阳光直射。

(8)储存乙炔瓶时,乙炔瓶应直立,并必须采取防止倾斜的措施。严禁与氯气、氧气瓶及其他易燃易爆物同间储存。

(9)储存间必须设专人管理,应在醒目的地方设安全标志。

(10)应用专用小车运送乙炔瓶。装卸时动作应轻,不得抛滑、滚碰。严禁剧烈震动和撞击,汽车运输时乙炔瓶应妥善固定。

(11)乙炔瓶使用时必须直立放置,与热源的距离不得小于 10 m,乙炔表面不得超过 40 ℃等。

3. 作业时的安全要求

(1)高处作业时,氧气瓶、乙炔瓶不得放在作业区域下方,应与作业点正下方保持 10 m 以上的距离。

(2)作业前办理用火审批手续,清除作业区及下方易燃物,配备专人进行监视看火,配备灭火器材,停止作业时应切断气源,确认无着火危险后方可离开。焊(割)炬使用完后,不得放在可燃物上。

(3)禁止将橡胶软管背在背上工作。

(4)作业后应将氧气、乙炔瓶的减压器卸下拧上气瓶安全帽。

(5)禁止在乙炔瓶上放置物件,工具或缠绕悬挂橡皮管及割焊炬。

(6)在未采取特殊的安全措施并未经过审批的情况下严禁焊、割装有易燃、易爆物的容器及受力构件。

(7)气焊(割)作业时,不能使用泄露、磨损及老化的软管及接头。

(8)橡皮管要专用,乙炔管和氧气管分别为红色和蓝色,不能对调使用。

(9)使用焊、割炬前,必须检查射吸情况,射吸不正常时,必须修理正常后方可使用。

(10)焊(割)炬点火前应检查各连接处和气阀的严密性,不得漏气,整个系统不得漏气、堵塞,软管不得泄露、磨损和老化,发现问题修好后再用。

(11)禁止在氧气阀门和乙炔阀门同时开启时使用手或其他物体堵住焊(割)嘴。

(12)焊(割)嘴不得过分受热,温度过高时应放入水中冷却。焊(割)炬及气体通路不得沾有油脂。

第十三节　砂浆站成套系统安装安全

进入施工现场必须正确佩戴安全帽和个人防护用具,严禁酒后进场施工。

起重机操作手必须持证上岗,坚守岗位,辅助生产人员应服从信号指挥和起重司索工的工作安排,非持证特种作业人员严禁从事特种作业活动。

按施工方案施工,吊装区域应设明显安全标志。

一、吊装安全要点

1. 高处作业安全

(1)施工负责人应对高处作业安全技术负责,并建立相应的责任制,每班必须进行班前安全检查。落实所有安全技术措施和人身防护用品,未经落实时不得进行施工。

(2)高处作业中的设施、设备,必须在施工前进行检查,确认其完好,方能投入使用。

(3)攀登和悬空作业人员,必须经过专业技术培训及考试合格,持证上岗。

(4)施工中对高处作业的安全技术设施,发现有缺陷和隐患时,必须及时解决。

(5)施工作业场所有坠落可能的物件,应一律先进行撤除或加以固定。

①高处作业中所有的物料,均应堆放平稳,不妨碍通行和装卸。

②随手用的工具应放在工具袋内。

③不得任意乱掷或向下丢弃物件,传递物件时禁止抛掷。

(6)雨天进行高处作业时,必须采取可靠的防滑措施。

(7)钢结构吊装前,应进行安全防护设施的逐项检查和验收,验收合格后,方可进行高处作业。

2. 悬空作业安全

(1)悬空作业处应有牢固的立足点,并应有安全设施。

(2)井口、高处临边作业人员,必须系好安全带。

3. 防止高空坠落和物体落下伤人

(1)为防止高处坠落,操作人员在进行高处作业时,必须正确使用安全带。安全带一般高挂低用,即将安全带绳端挂在高的地方,而人在较低处操作。

(2)在高处安装构件时,要经常使用撬杆校正构件的位置,这样必须防止因撬杆滑脱而引起高空坠落。

(3)雨天后,构件上因潮湿容易使操作人员滑倒,应清扫后再安装。

(4)地面操作人员必须戴好安全帽,尽量避免在高空作业的正下方停留或通过,也不得在起重机的吊杆和正在吊装的构件下停留或通过。

(5)粉煤灰罐塔安装后,必须检查连接质量,无误后,才能摘钩或拆除临时固定工具,以防止掉下伤人。

(6)设置吊装禁区,禁止与吊装作业的无关人员入内。

4. 严格起重"十不吊",严禁违章作业。

二、砂浆系统

(1)粉煤灰罐体基础放线时,应将其基础及周围的杂物清理干净。

(2)夜间不得进行罐体安装。

(3)安装使用的承重的操作平台,应由架子工按专项安全施工组织设计(施工方案)或安全技术措施交底搭设。并经交接验收合格后,方可使用。操作平台进料一侧的防护栏杆应及时恢复。平台上不得堆放材料或设备部件,严禁超负荷使用。

(4)粉煤灰本体吊装受力点应牢固可靠。锚点严禁拴在砖柱、砖墙或其他不稳固的构筑物上。

(5)吊装时必须遵守起重工、起重机司机和信号指挥的安全规定,严禁违章作业。

(6)操作人员高处作业必须系好安全带。在罐体安装过程中,立柱未焊牢之前,严禁上人操作。高处作业平台,应铺设木板,作业人员站立可靠。

(7)粉煤灰罐本体的联台、护身栏、爬梯和扶手,必须随罐塔的安装同步进行。

(8)焊工焊接钢架时,必须遵守焊工的有关规定,持证上岗。电焊机的二次线必须双线到位,并配有空载降压安全装置。严禁借用其他金属结构或钢管脚手架代替回路。

(9)螺旋出渣机做试车时,必须有电工配合进行。

(10)电气控制设备安装,必须按照施工工艺标准中安全规定和安全技术措施交底执行,严禁违章作业。

(11)安装机电设备试运转时,必须会同有关人员共同进行,不得擅自开动。试运转应听从专人指挥,不得任意改变或减少操作步骤。

(12)安装粉煤灰罐的技术文件和施工质量证明材料,在安装工程完工后,应移交机电部存入技术档案。

第三章　盾构施工安全

第一节　盾构施工准备阶段安全

一、盾构机、电机车运行轨道安装安全

凡从事轨道铺设的操作人员应执行国家、行业现行的安全技术规程。遵守安全，严禁违章操作。

(一)钢轨、道岔的装卸和运送

(1)装卸钢轨时，要配足人员，有人指挥，两头不准同时起放，不得猛摔。较重的钢轨要有人发肩落肩。

(2)钢轨装车时两端要匀称，并装得牢固可靠，以保持运行平稳。

(3)用平板车装运钢轨时，车皮的四角要插上小杆，防止振动时钢轨滚下。运送道岔时，先将道岔拆开，然后装车运送。

(4)运送钢轨时，必须使用平板车，且固定牢固，防止材料散落。启运前，要与电机车司机联系好，确保开车平稳。

(二)轨道铺设

(1)铺道前先准备好一切材料、工具和量具等。

(2)根据设计要求的中、腰线进行铺设，其顺序如下：

①整理道床；

②摆轨枕；

③摆钢轨；

④上夹板接轨；

⑤上扣件(上压板或螺栓道钉)；

⑥调平拔直(初调)；

⑦按质量标准进行最后调整。

(3)上夹板时不准用手试钢轨眼。

(4)在一节轨道两端同时工作时，一端移动钢轨必须通知另一端。调校轨道时，人要骑居轨顶，手捏轨身，缓慢移动，以防钢轨落下伤人。

(5)螺杆道钉必须拧实，不得松动。

(6)用大锤作业时，首先检查大锤是否牢固，打锤人和把钎人不准对面作业，以免走锤或甩头伤人。

(7)用弯道器打弯时，要将钢轨顶紧钩牢，方可开始工作。上扣打弯时用力要均匀，以免压扣挤手。

(8)用撬棍起道或起道钉时，不准握满把，以免压手。

(9)用起道器时，必须随起随垫，以防起道器跑牙或歪斜伤人。

(10)铺设弯道时,外轨应抬高,内轨应加宽,其抬高和加宽数值按作业规程执行。半径应符合设计要求,道岔和甩车场的铺轨规格、位置、竖曲线、曲率半径等必须符合设计要求。

(三)拆　　道

(1)在拆道前,应检查隧道内是否有应运出的物料或设备。如有时应报有关负责人,处理后再拆道。

(2)拆道时如有锈住的螺栓,可用气割切断。但附近 5 m 内不得有易燃物。

(3)在隧道中拆道,用电机车运送钢轨时,末节平板车轮,必须设置铁鞋。

二、盾构机组装安全

凡从事盾构机组装的人员应执行国家、行业现行的安全技术规程。遵守项目部的安全和机械设备管理、使用规定,严禁违章操作。

(一)一般规定

(1)盾构机组装工(以下简称机修工)必须具备一定的钳工及液压基础操作知识,按照盾构机组装方案作业。

(2)机修工必须熟知自己的职责范围,熟练掌握盾构设备的技术性能、标准、组装工艺和组装质量标准,并了解周围环境及相关设备的配合关系。

(3)进入作业前,要由机电部和盾构工区负责人向有关人员讲清工作内容、步骤、人员分工和安全注意事项,机修工要根据当日工作的需要认真检查所带工具是否完好、齐全,材料、配件是否充足,型号是否相符,并备好专用停电维修牌。

(4)机修工在进行盾构机组装工作时,每岗不得少于 2 人,并与其他岗位做好配合和协调工作。

(5)在倾角大于 150°的地点组装部件时,下方不得有人同时作业。

(二)操作前的准备

清理作业现场,应无妨碍工作的杂物。需吊挂起重装备的支撑物应牢固,检查周围有无其他不安全因素,如有问题,应处理后方可作业。

(三)操　　作

(1)机修工组装设备时应注意:

①检查各部紧固件应齐全、可靠;

②润滑系统中的油嘴、油路应畅通、接头及密封处不漏油,油质、油量应符合规定;

③转动部位的防护罩应齐全、可靠;

④机械(或液压)安全保护装置应可靠;

⑤各焊件应无变形、开焊和裂纹;

⑥机械传动系统中的齿轮、链轮、链条、刮板、托辊、钢丝绳等部件磨损(或变形)无超限;

⑦液压系统中的连接件、油管、液压阀、千斤顶等应无渗漏、无缺损、无变形;

⑧相关设备的搭接关系应合适,附属设备应齐全完好;

⑨液力耦合器的液质、液量、易熔塞、防爆片应符合规定;

⑩输送带接头可靠并符合要求,无撕裂、扯边,各项保护应齐全可靠;

⑪发现问题应及时处理,或及时向当班领导汇报。

(2)开机盖、油箱进行换件或换油时,必须注意遮盖好,严防落入粉尘、水或其他异物等。注意保护设备的防爆结合面,以免受损伤。注意保护设备的零部件,防止损坏,丢失或落入机器内。

(3)运物件时,必须检查周围环境,检查吊梁、吊具、绳套、滑轮、千斤顶起重设施和用具。

(4)处理输送带跑偏时,应停机调整上、下托辊的前后位置或调整中间架的悬挂位置,严禁用手脚直接拽蹬运行中的输送带。

(5)输送带试机时,工作人员严禁站在机头、尾架、转动滚筒及输送带等运转部位的上方工作,如需处理事故必须站在上述部位工作时,要派专人停机、停电、闭锁、挂停电牌后方可作业。

(6)在盾构机内焊接作业时,必须按《有限空间危险作业安全管理实施细则》中的有关条款和安全技术措施执行。

(四)收尾工作

(1)机修工应会同盾构司机对盾构机进行检查验收,并就各部位、内容、结果及遗留问题做好记录。

(2)清点工具及剩余材料、备品配件特别是运转部位不得有异物。

(3)认真清理检修现场。

三、盾构机反力架安装安全

(一)安装准备

(1)根据施工图和反力架安装要求对安装基础进行基础轴线、预埋件的位置和数量、地脚螺栓的位置和数量,以及地脚螺栓、螺母有无缺损的检验。

(2)施工现场应平整、畅通,水电应接至现场,根据所用技术数据,计划安装支放位置与移动次数,并安排好反力架摆放位置,严禁妨碍电机车安全运行,严禁阻碍作业通道,严禁损坏安全标志,严禁遮蔽安全标志。

(3)安装前应严格检查反力架连接部位的各项尺寸是否符合设计要求,如有误差,在地面修正后方可吊装下井。

(二)安装顺序

(1)安装程序必须保证结构形式稳定的空间体系,并不导致盾构机在始发、掘进过程中变形。

(2)安装顺序和工艺流程应按照安装方案进行。

(三)安装安全要点

1. 高处作业安全

(1)施工现场负责人、技术负责人应对高处作业安全技术负责,并建立相应的、有效的现场管理机制。施工前,应严格进行班前安全讲话,落实所有安全技术措施和人身防护用品,未经落实时不得进行施工。

(2)高处作业中的设施、机具、设备,必须在施工前进行检查,确认其完好,方能投入使用。

(3)施工中对高处作业的安全技术设施,发现有缺陷和隐患时,必须及时解决。危及人身安全时,必须停止作业。

(4)施工作业场所有可能坠落的物件,应一律先进行撤除或加以固定。

①高处作业中所有的物料,均应堆放平稳,不防碍通行和装卸。

②随手使用的工具应放在工具袋内。

③作业中的通道应及时清理干净,不得任意乱掷或向下丢弃。

④传递物件时禁止抛掷。

⑤高空作业人员，必须系好安全带。

2. 攀高作业安全

(1)柱、梁等构件安装所需的爬梯必须牢固可靠。

(2)梯脚底部应垫实，不得垫高使用，梯子上端应有固定措施。

3. 悬空作业安全

(1)悬空作业处应有牢固的立足点，并应有安全设施。

(2)反力架的安装，短小构件应尽可能在地面组装，并进行临时搭设固定、电焊、高强度螺栓连接等工序的高空安全设施，随构件同时上吊就位。

(3)防止高空坠落和物体落下伤人。

①为防止高处坠落，操作人员在进行高处作业时，必须正确使用安全带。安全带一般高挂低用，即将安全带绳端挂在高的地方，而人在较低处操作。

②在高处安装构件时，要经常使用撬棍校正构件的位置，这样必须防止因撬棍滑脱而引起的高空坠落。

③在潮湿容易使操作人员滑倒的环境下作业，应清除水渍、油渍后再安装，高空作业人员必须穿防滑鞋方可操作。

④在高空使用气割或电焊切割时，应采取措施防止割下的金属或火花落下伤人。

⑤地面操作人员必须戴好安全帽，尽量避免在高空作业的正下方停留或通过，也不得在安装的构件下停留或通过。

⑥反力架安装后，必须检查连接质量，无误后，才能拆除临时固定设施，以防止倾倒伤人。

⑦反力架吊装、安装禁区，禁止无关吊装、安装作业的人员入内，并有专人监护。

4. 防止触电

(1)电焊机的手把线质量应该是很好的，如果有破皮情况，必须及时用防水胶布严密包扎。电焊机的外壳必须接地。

(2)反力架安装严禁在架空输电线路下面工作。在通过架空输电线路时，应搭设防护设施，并确保与架空输电线的安全距离。

(3)电气设备不得超负荷运行。

(4)使用手持式电动工具应戴绝缘手套。

5. 防止氧气乙炔瓶爆炸

(1)氧气乙炔瓶相互间放置安全距离应大于 10 m。

(2)氧气乙炔瓶不可接近火源，要求与火源距离不小于 10 m。

(3)氧气遇油也会引起爆炸，因此不能用油手接触氧气瓶，还要防止作业过程中油渍落在氧气瓶上。

(四)进场施工安全要求

(1)进入施工现场必须戴好安全帽，扣好帽带，正确使用劳动防护用品。

(2)严禁酒后上班，严禁流动吸烟，严禁乱扔烟头及各类垃圾物。

(3)凡不适合在有限空间作业的人员，一律禁止进入有限空间。

(4)特殊工作必须持证上岗，严禁无证人员操作特种设备。

(5)不得擅离岗位，作业过程中必须集中精神，注意信号，信号不明或可能引起事故时，必须暂停操作，待情况弄清楚后方可继续作业。

(6)遵守施工作业现场的各项安全规定，严禁违章操作。

(7)搞好作业现场的文明施工,做到工完场净。

四、盾构始发井洞门(联络通道管片)破除安全

(一)基本要求

(1)进入施工现场必须正确使用安全帽,严禁酒后进场施工。

(2)严格按操作规程及安全交底要求作业,严禁违章指挥、违章作业、违反劳动纪律的现象发生。

(3)患有心脏病、癫痫病、恐高症、视力低下的人员严禁高处作业。

(4)从事特种作业必须持有有效的特种作业操作证,方可操作。

(5)作业前必须清理作业区的场地:将周围洞口盖严,将临边浮动物清理干净。

(6)在临边作业必须系安全带。

(7)临边、高处作业必须着装灵便,穿防滑鞋。

(8)在脚手架上作业必须有可靠操作平台,操作平台不得有探头板。当无可靠操作平台时必须系安全带(高挂低用或平挂平用,严禁低挂高用)。

(9)在作业区下方坠落半径范围内设置警戒标志,严禁人员通过。

(10)对材料轻拿轻放,当多人协同作业时行动应协调一致。

(11)小型工具必须随手放在牢固位置,以防止丢失或掉下伤人。

(12)做好文明施工,做到工完场地清。

(13)严格遵守安全生产六大纪律、十项安全技术措施和安全生产"十不准"。

(二)洞门破除

(1)上岗操作前首先应认真检查周围的安全环境,施工操作中应时刻注意安全生产,严禁盲目野蛮施工。

(2)工作前应认真检查所使用工具是否完好、可靠。所用各类工具、机具、吊具是否符合要求,不得超负荷使用。

(3)担负洞门破除的现场管理人员和班组作业人员应全面了解工程的图纸和资料,进行现场勘察,严格按照施工方案和技术交底进行施工。

(4)用风镐破除钢筋混凝土时,前后间距应不少于 1 m,不得面对面使镐。

(5)大锤砸碎混凝土时,周围不得有人站立或通行。使锤者不得戴手套,锤柄端头应有防滑措施。

(6)使用风动工具凿除混凝土时,应遵守下列规定:

①各部管道接头必须紧固,不漏气。胶皮管不得缠绕打结,并不得用折弯风管的办法作断气之用,也不得将风管置于胯下。

②风管通过过道,其上侧作硬性防护,严防压坏。

③风管连接风镐后要试送气,检查风管内有无杂物堵塞。送气时,要缓慢旋开阀门,不得猛开。

④风镐操作人员应与空压机司机紧密配合,及时送气或闭气。

⑤钎子插入风动工具后不得空打。

⑥监护人员必须坚守岗位,不得擅离职守。

(三)空气压缩机操作安全

(1)空气压缩机的内燃机和电动机的使用应符合内燃机和电动机的有关规定。

(2)空气压缩机作业区应保持清洁和干燥。储气罐应放在通风良好处，距储气罐 15 m 以内不得进行焊接或热加工作业。

(3)空气压缩机的进排气管较长时，应加以固定，管路不得有急弯。对较长管路应设伸缩变形装置。

(4)储气罐和输气管路在使用前必须做水压试验一次，试验压力应为额定压力的 150%。压力表和安全阀应每年至少校验一次。

(5)作业前重点检查应符合下列要求：

①燃、润油料均添加充足；

②各连接部位紧固，各运动机构及各部位阀门开闭灵活；

③各防护装置齐全良好，储气罐内无存水；

④电动空气压缩机的电动机及启动器外壳接地良好，接地电阻不大于 4 Ω。

(6)空气压缩机应在无载状态下启动，启动后低速空运转，检视各仪表指示值符合要求，运转正常后，逐步进入载荷运转。

(7)输气胶管应保持畅通，不得扭曲，开启送气阀前，应将输气管道联接好，并通知现场有关人员后方可送气。在出气口前方，不得有人工作或站立。

作业中，储气罐内压力不得超过铭牌额定压力，安全阀应灵敏有效。进、排气阀、轴承及各部件应无异响或过热现象。

(8)每工作 2 h，应将液气分离器、中间冷却器、后冷却器内的油水排放 1 次。储气罐内的油水每班应排放 1～2 次。

(9)发现下列情况之一时应立即停机检查，找出原因并排除故障后，方可继续作业：

①漏水、漏气、漏电或冷却水突然中断；

②压力表、温度表、电流表指示值超过规定；

③排气压力突然升高，排气阀、安全阀失效；

④机械有异响或电动机电刷发生强烈火花。

(10)运转中，在缺水而使汽缸过热停机时，应待汽缸自然降温至 60℃以下时，方可加水。

(11)当电动空气压缩机运转中突然停电时，应立即切断电源，等来电后重新在无载荷状态下启动。

(12)停机时，应先卸去载荷，然后分离主离合器，再停止内燃机或电动机的运转。

(13)停机后，应关闭冷却水阀门，打开放气阀，放出各级冷却器和储气罐内的油水和存气，方可离岗。

(14)在潮湿地区及隧道中施工时，对空气压缩机外露摩擦面应定期加注润滑油，对电动机和电气设备应作好防潮保护工作。

第二节 盾构施工阶段

一、盾构始发、管片拼装安全

进入施工现场必须戴好安全帽，正确使用劳保用品，高处临边作业，必须佩戴安全绳，在有限空间内严禁违章操作。

(1)盾构始发及操作

①凡从事盾构机操作及辅助生产的人员应执行国家、行业现行的安全技术规程。遵守项

目部的安全管理规定，严禁违章操作。

②盾构机内的施工人员应具有较强的责任心，且必须经过相关的专业培训，并取得相关岗位的上岗证书后方可上岗。

③盾构机内所有区域工作的人员：

a. 必须正确佩戴安全帽（不包括控制室内）；

b. 统一穿着工作服，衣服的袖口和裤脚必须扎紧，禁止使用尼龙、化纤或混纺的衣料制作的工作服，工作人员进入生产现场禁止赤脚、穿拖鞋、凉鞋、高跟鞋、短裤；

c. 在土舱等特殊环境工作的人员须配备防护装备，并设有专人监护（如防护镜、呼吸器具等）。

(2)按始发技术方案进行操作，保证始发安全。

(3)盾构始发时必须做好盾构机防扭转和基座稳定措施，并对盾构姿态作复核、检查。

(4)负环管片定位时，管片横断面中线应与线路中线一致。

(5)在始发阶段应控制盾构机推进的初始推力，初始推力应根据技术交底方案实施，并注意观察反力架结构情况。

(6)根据隧道地质状况、埋深、地表环境、盾构姿态、施工监测结果制定当班盾构掘进施工指令，并准备好管片拼装、壁后注浆工作。应做到注浆与掘进的同步进行，及时根据信息反馈情况调整注浆参数。

(7)严格按照盾构设备操作规程、安全以及当班的掘进指令控制盾构掘进参数与盾构姿态。

(8)掘进中应设专人按规定进行监控量测，并及时向监控室反馈监测情况。

(9)盾构过程中应按有关规定进行盾构与管片姿态，人工复核测量、跟踪与信息反馈。

(10)施工过程中，应尽量防止盾构机横向偏差、纵向偏差和转动偏差的发生，用测量数据修正盾构姿态，尽早进行“蛇行”修正。

(11)盾构机体前端两侧及机尾不得站人。电机车运行前后轨道两端头必须设置铁鞋和阻车器，以防止发生电瓶车突发溜车伤人事故。

(12)盾构暂停施工时，应按稳定开挖面的专项措施执行。

(13)盾构机司机、修理工、电工等相关工作人员应十分熟悉设备上的所有安全保障设施，以便在可能发生危险时能熟练利用这些设施来阻止或消除危险的发生。

(14)当设备发生紧急故障或事故，危急到设备和人员的安全时，应立即按下相关急停按钮，停止该部分系统的运行以停止事故的继续发生。如无特殊情况，任何人任何时候都不能按下主控室控制面板上或主配电柜上的紧急停止按钮。

(15)控制室内控制面板上的部分锁定开关如维修保养开关，非专业授权人员，严禁擅自操作。

(16)在工作区域的所有人员应十分熟悉盾构机上所有危险的区域，熟悉所有的警示灯、警报器所代表的盾构设备状态及可能发生的危险含义。

(17)工作人员应熟悉设备内的联络系统，并经常检查以保证这些通讯设备能正常使用。

(18)经常检查设备上防火系统配备的完整性及功能的可靠性。盾构机内严禁吸烟，在工作过程中必须防止火灾的发生，避免产生火灾隐患。

(19)经常检查在盾构机上安装的各种气体测量装置。

(20)必须保证备用内燃空压机随时处于可启动状态。内燃空压机每周最少运行半小时，以确保突然断电时可以立即启动以保证压力舱所需压缩空气供应。

(21)严禁一切泵类设备空转(液压油泵、油脂泵、砂浆泵、膨润土泵、泡沫剂泵、水泵)。

(22)禁止移动、缠绕、损坏安全保障设备。

(23)禁止非操作人员操作设备，严禁非授权专业人员改变控制系统的参数和程序。

(24)操作人员在启动设备之前，必须清楚设备的状态和设备周边的环境，严禁随意启动带故障设备，严禁启动会危及到设备附近的设备和人员安全的设备。

(25)盾构机上所有表示安全和危险的标识必须完整，并可被容易识别。

(26)严格按照操作指令操作，不得随意更改既定参数。

(27)进入土舱作业前应检查相关安全装置，根据具体地质情况将土舱内渣土排到合适的位置。

(28)进入土舱作业时严禁转动刀盘，确定螺旋输送机已停止并已关闭螺旋输送机出土口。如需转动刀盘，需将操作室内连锁开关锁上并到人闸内手动操作，转动刀盘前必须确认土舱内作业人员已全部撤出。

(29)管片拼装

①凡从事盾构机操作、管片拼装的人员应执行国家、行业现行的安全技术规程。遵守项目部有关在有限空间作业的安全管理规定，严禁违章操作。

②进入施工现场必须戴好安全帽，正确使用劳保用品。

③管片拼装必须由专人负责指挥。严禁非专业人员擅自转动拼装机，以免发生人员伤亡事故。

④举重臂旋转时严禁作业人员进入举重臂活动半径内，拼装工在管片全部定位后，方可就位作业。

⑤拼装管片时，拼装工必须站在安全可靠的位置，严禁将手、脚放在环缝和千斤顶的顶部，以防受到意外伤害。

⑥举重臂必须在管片固定就位后方可复位，封顶块拼装就位未完成连接和螺栓紧固，作业人员严禁进入封顶块下方。

⑦举重臂旋转时，管片拼装机操作手必须看清楚旋转半径内的人员，并报鸣警示。

⑧举重臂拼装头与管片必须拧紧到位，应经常检查其磨损情况，对内丝口损坏的管片，必须采取可靠措施后，方准使用。

⑨拼装机回转时，拼装、开装架及拼装辊等回转物体有夹住人体的危险，在拼装机运动时作业人员不得靠近。

⑩拼装机如超出旋转极限范围使用，软管有切断的危险，不能解除“拼装机旋转极限”联锁。

⑪管片吊起或升降架旋回到上方时，不得长时间放置(3 min以上)。否则会造成液压马达漏油造成管片下落的危险。

⑫拼装机旋转中，警报蜂鸣器响，警示灯闪烁时，作业人员必须离开拼装机旋转范围。拼装机附近有人时，严禁做拼装动作。

⑬管片起吊销插得不到位，管片在起吊、旋转中销子有脱出，管片落下伤人的危险。起吊销必须全插到位，并时刻注意在旋转中销子是否脱出。

⑭插入管片起吊销时，销子和管片起吊金属件之间有夹住手指的危险，操作人员必须明确信号、确认操作人员安全后再操作。

⑮组装管片，推进油缸要进行伸缩动作，以免夹住手足。拼装机和推进油缸的操作手，必须明确信号，确认作业人员安全后，再动作。

【案例】2007年4月28日13时许，中铁某局集团五公司南京地铁BT项目盾构区间作业现场发生一起亡人事故。向心路车站至元通车站右行线区间盾构机在14环推进过程中，拼装班班长卜某突然发现盾构机左侧3号台车角部被反力斜角部分顶住，造成左侧3号台车后轮悬空，立即停止推进施工，在机修人员未到现场之前，在没有对3号台车进行稳固支垫的情况下，卜某擅自撬动，造成2～3号台车滑动间距突然减小，卜某未能来得及躲闪被挤在里面，造成内脏严重受伤，因伤势过重，抢救无效死亡。

二、机械维修(保养)工作业安全

下面简要介绍部分施工机械的安全操作方法，对于未介绍的，可参考有关章节的相关内容。

(一)一般钳工

(1)所用工具必须齐备、完好、可靠，才能开始工作。禁止使用有裂纹、带毛刺、手柄松动等不符合安全要求的工具，并严格遵守常用工具的安全。

(2)开动设备，应先检查防护装置、紧固螺钉及电、油、气等动力开关是否完好，并空载试车检验，方可投入工作。操作时应严格遵守所用设备的安全。

(3)设备上的电气线路和器件及电动工具发生故障，应交电工修理，自己不得拆卸，不准自己动手敷设线路和安装临时电源。

(4)工作中注意周围人员及自身的安全，防止因挥动工具、工具脱落、工件及铁屑飞溅造成伤害。两人以上一起工作要注意协调配合。工件堆放应整齐，放置平稳。

(5)起吊和搬运重物，应遵守起重工、挂钩工、搬运工安全，与行车工密切配合。

(6)登高作业应遵守高处作业的有关规定，工作前应检查梯子、脚手架是否坚固可靠及有防滑措施。工具必须放在工具袋里，不准放在其他地方。安全带应扎好，并系在牢固的结构件上。不准穿硬底鞋，不准打闹，不准往下面扔东西。

(7)使用手持式电动工具，必须经过安全检查，符合有关安全规定：如有使用Ⅰ类工具，必须使用绝缘手套，站在绝缘干燥的场地上或者使用漏电保护器，在金属器内及潮湿、狭窄环境内工作，使用Ⅱ类工具，并应配用安全隔离变压器或配用漏电保护器。手持电动工具使用期每达3个月时，应送交有关责任电工检查登记。

(8)使用手提照明灯应采用安全电压，禁止直接使用220 V的电压。电气插头、插座破损，应请电工及时更换，不得侥幸使用或直接用线头插入插座内。

(二)装配(维修)钳工

(1)进入施工现场必须佩戴安全帽，正确佩戴个人劳动防护用品，正确使用劳动保护用具。

(2)使用锉刀、刮刀、手锤、台钳等工具前应仔细检查是否牢固可靠，有无损裂，不合格的不准使用。

(3)凿、铲工件及清理毛刺时，严禁对着他人工作，要戴好防护镜，以防止铁削飞出伤人。使用手锤时禁止戴手套。不准用扳手、锉刀等工具代替手锤敲打物件，不准用嘴吹或手摸铁屑，以防伤害眼和手。刮剔的工件不得有凸起、凹下和毛刺。

(4)用台钳夹持工件时，钳口不允许张得过大(不准超过最大行程的2/3)。夹持圆件或精密工件时应用铜垫，以防工件坠落或损伤工件。

(5)钻小工件时,必须用夹具固定,不准用手拿着工件钻孔,使用钻床加工工件时,禁止戴手套操作。使用砂轮机按砂轮机的安全进行。

(6)用汽油和挥发性易燃品清洗工件,周围应严禁烟火及易燃物品,油桶、油盘、回丝要集中堆放处理。工作地点附近必须放置足够的消防灭火器材(干粉灭火器、河沙等)。

(7)使用扳手紧固螺丝时,应检查扳手和螺丝有无裂纹或损坏,在紧固时,不能用力过猛或用手锤敲打扳手,大扳手需要套管加力时,应该特别注意安全。

(8)使用手提砂轮前,必须仔细检查砂轮片是否有裂纹,防护罩是否完好,电线是否磨损,是否漏电,运转是否良好。用后放置安全可靠处,防止砂轮片接触地面和其他物品。

(9)使用非安全电压的手电钻、手体砂轮时,应戴好绝缘手套,并站在绝缘橡皮垫上。在钻孔或磨削时应保持用力均匀,严禁用手触摸转动的砂轮片和钻头。

(10)使用手锯要防止锯条突然折断,造成割伤事故。使用千斤顶要放平提稳,不顶托易滑地方以防发生意外事故,多人配合操作要有统一的指挥及必要的安全措施,协调行动。

(11)使用剪刀车剪铁皮时,手要离开侧刀口,剪下边角料要集中堆放,及时处理,防止刺戳伤人。带电工件需焊补时,应切断电源施工。

(12)维修机械设备,应切断电源,取下保险丝并挂好检修标志,以防他人乱动,盲目接电,维修时局部照明用行灯,应使用低压(36V以下)照明灯。

(13)不得将手伸入已装配完的变速箱,主轴箱内检查齿轮,检查油压设备时禁止敲打。

(14)高空作业(2 m以上)时,必须戴好安全带,梯子要有防滑措施。

(15)使用强水、盐酸等腐烛剂时要戴好口罩、耐腐蚀手套,并防止腐蚀剂倒翻。操作时要小心谨慎,防止外溅。

(16)设备检修完毕应检点所带工具是否齐全,在确认没有遗留在设备里时,方可启动试车。

(三)砂 轮 机

(1)进入施工现场必须佩戴安全帽,正确佩戴个人劳动防护用品,正确使用劳动保护用具。

(2)操作前要穿紧身防护服,袖口扣紧,上衣下摆不能敞开,严禁戴手套,要戴好防护镜。

(3)砂轮机的底座一定要牢固,运转中不得有振动现象。砂轮紧固螺纹必须与砂轮工作旋转方向相反,螺帽要有锁紧装置,螺丝最好是细牙。安装时要做平衡试验,运转时应保持平稳。砂轮两侧要用铁夹板夹上(铁夹板不小于砂轮直径1/2),铁板与砂轮间应衬放软性衬垫,轴与砂轮间应加软厚纸或绝缘皮使压力均匀。

(4)使用前,必须检查砂轮是否有缺损、裂缝,防护装置和吸尘装置是否牢固。开机时,人必须站在砂轮侧面,让砂轮先空转数分钟,确认情况正常后,才能开始工作。

(5)调换砂轮应由专人负责,不可用手锤敲击。拧紧砂轮夹紧螺丝时,要用力均匀。调换后,先试车,运转正常后才能工作。

(6)砂轮使用最高速度,不得超过砂轮规定的安全线速度。

(7)使用时,要握牢工件,其压力应均匀一致,严禁用力撞击。不可打磨笨重物件,防止砂轮因受压不当而爆裂。细小工件应用夹子钳紧磨削,以免伤手。一个砂轮不得两人同时使用。

(8)不准在普通砂轮上磨硬质合金物,禁止磨削铜、铅、木及塑料等韧性物品,磨铁质工件应勤沾水使其冷却。

(9)不准在砂轮机旁堆放物件,使用完毕应随时切断电源,做好打扫工作。

(四)钻　　床

(1)正确佩戴个人劳动防护用品,正确使用劳动保护用具。

(2)操作前要穿紧身防护服,袖口扣紧,上衣下摆不能敞开,严禁戴手套,不得在开动的机床旁穿、脱换衣服,或围布于身上,防止机器绞伤。

(3)开车前应检查机床传动是否正常及工具、电气、安全防护装置、冷却液挡水板是否完好,钻床上保险块、挡块不准拆除,并按加工情况调整使用。

(4)摇臂钻床在校夹或校正工件时,摇臂必须移离工件并升高,刹好车,必须用压板压紧或夹住工作物,以免回转甩出伤人。

(5)钻床床面上不要放其他东西,换钻头、夹具及装卸工件时须停车进行。带有毛刺和不清洁的锥柄,不允许装入主轴锥孔,装卸钻头要用楔铁,严禁用手锤敲打。

(6)钻小的工件时,要用台虎钳,钳紧后再钻。严禁用手去停住转动着的钻头。

(7)薄板、大型或长形的工件竖着钻孔时,必须压牢,严禁用手扶着加工,工件钻通孔时应减压慢速,防止损伤平台。

(8)机床开动后,严禁戴手套操作,清除铁屑要用刷子,禁止用嘴吹。

(9)钻床及摇臂转动范围内,不准堆放物品,应保持清洁。

(10)工作完毕后,应切断电源,卸下钻头,主轴箱必须靠近端,将横臂下降到立柱的下部边端,并刹好车,以防止发生意外。同时清理工具,做好机床保养工作。

(五)钳工案、虎钳

(1)钳工案上使用的照明电压不得超过 36 V。

(2)钳工案上的杂物要及时清理,工具和工件应整齐地放在指定地点。

(3)虎钳安装牢固,高度要适当,钳口以伸出工作案边 40 mm 为宜。虎钳上不要放置工具,以防滑下伤人。使用转虎钳工作时,必须把固定螺栓拧紧,工作时钳身不得有松动的现象。

(4)虎钳的丝杆、螺母要经常擦洗和加油,保护好钳口,损坏后要及时修理,未修好不得使用。

(5)虎钳夹持工件时,不得用套管加长板手柄或用锤打扳手柄。

(6)工件要卡紧卡正,手柄朝下。卡小件时,手指要少许离开钳口,以免夹伤。

(7)工件超出钳口部分太长,要加支承。装卸工件时,还必须防止工件摔下伤人。

(8)在进行强力作业时,力量朝向钳身。

(9)不要在活动平面上敲击。

(六)手持电动工具

(1)使用刃具的机具,应保持刃磨锋利,完好无损,安装正确,牢固可靠。

(2)使用砂轮的机具,应检查砂轮与接盘间的软垫并安装稳固,螺帽不得过紧,凡受潮、变形、裂纹、破碎、磕边缺口或接触过油、碱类的砂轮均不得使用,并不得将受潮的砂轮片自行烘干使用。

(3)在潮湿地区或在金属构架、压力容器、管道等导电良好的场所作业时,必须使用双重绝缘或加强绝缘的电动工具。

(4)非金属壳体的电动机、电器,在存放和使用时不应受压、受潮,并不得接触汽油等溶剂。

(5)作业前的检查应符合下列要求:

①外壳、手柄不出现裂缝、破损;

②电缆软线及插头等完好无损,开关动作正常,保护接零连接正确、牢固可靠;

③各部防护罩齐全牢固,电气保护装置可靠。

(6)机具启动后,应空载运转,应检查并确认机具联动灵活无阻。作业时,加力应平稳,不得用力过猛。

(7)严禁超载使用。作业中应注意音响及温升,发现异常应立即停机检查。在作业时间过长,机具温升超过 60 ℃时,应停机,自然冷却后再行作业。

(8)作业中,不得用手触摸刃具、模具和砂轮,发现其有磨钝、破损情况时,应立即停机修整或更换,然后再继续进行作业。

(9)机具转动时,不得撒手不管。

(10)使用冲击电钻或电锤时,应符合下列要求:

①作业时应掌握电钻或电锤手柄,打孔时先将钻头抵在工作表面,然后开动,用力适度,避免晃动,转速若急剧下降,应减少用力,防止电机过载,严禁用木杠加压;

②钻孔时,应注意避开混凝土中的钢筋;

③电钻和电锤为 40%断续工作制,不得长时间连续使用;

④作业孔径在 25 mm 以上时,应有稳固的作业平台,周围应设护栏。

(11)使用瓷片切割机时应符合下列要求:

①作业时应防止杂物、泥尘混入电动机内,并应随时观察机壳温度,当机壳温度过高及产生炭刷火花时,应立即停机检查处理;

②切割过程中用力应均匀适当,推进刀片时不得用力过猛。当发生刀片卡死时,应立即停机,慢慢退出刀片,应在重新对正后方可再切割。

(12)使用角向磨光机时应符合下列要求:

①砂轮应选用增强纤维树脂型,其安全线速度不得小于 80 m/s,配用的电缆与插头应具有加强绝缘性能,并不得任意更换;

②磨削作业时,应使砂轮与工件面保持 15°～30°的倾斜位置。切削作业时,砂轮不得倾斜,并不得横向摆动。

(13)使用电剪时应符合下列要求:

①作业前应先根据钢板厚度调节刀头间隙量;

②作业时不得用力过猛,当遇刀轴往复次数急剧下降时,应立即减少推力。

(14)使用射钉枪时应符合下列要求:

①严禁用手掌推压钉管和将枪口对准人;

②击发时,应将射钉枪垂直压紧在工作面上,当两次扣动扳机,子弹均不击发时,应保持原射击位置数秒钟后,再退出射钉弹;

③在更换零件或断开射钉枪之前,射钉枪内均不得装有射钉弹。

(15)使用拉铆枪时应符合下列要求:

①被铆接物体上的铆钉孔应与铆钉滑配合,并不得过盈量太大;

②铆接时,当铆钉轴未拉断时,可重复扣动扳机,直到拉断为止,不得强行扭断或撬断;

③作业中,接铆头子或并帽若有松动,应立即拧紧。

(七)倒链(手拉葫芦)

(1)倒链使用前应仔细检查吊钩、链条及轮轴是否有损伤,传动部分是否灵活。挂上重物后,先慢慢拖动链条,等起重链条受力后再检查一次,看齿轮啮合是否妥当,链条自锁装置是否起作用。确认各部分情况良好后,方可继续工作。

(2)倒链在使用中不得超过额定的起重量。在－10 ℃以下使用时,只能以额定起重量之半进行工作。

(3)手拉动链条时,应均匀和缓,不得猛拉。不得在与链轮不同平面内进行曳动,以免造成跳链、卡环。

(4)如起重量不明或构件重量不详时,只要一个人可以拉动,就可继续工作。如一个人拉不动,应检查原因,不宜几人猛拉,以免发生事故。

(5)齿轮部分应经常加油润滑,棘爪、棘轮和棘爪弹簧应经常检查,发现异常情况应予以更换,防止制动失灵使重物自坠。

(八)机具切割

(1)操作者在未操作前,必须对切割机进行全面的检查,传动部分的防护可靠有效,无故障和无异常情况后才能进行操作。

(2)切割机的电源线路必须架空行走,高度在 2 m 以上,线路不得有破损、裸露、接头等危险源存在,切割机的点动开关应装在操作手柄上并进行绝缘处理。

(3)切割机必须有管理制度和专人负责,定期进行检查、维修和保养。

(4)操作手必须懂得切割机的性能。在切割各种钢筋、钢管等材料时,首先把被切材料固定牢固,在切割过程中用力要均匀,站在切割机的侧面进行操作,不得正面操作,防止锯片破损伤人。

(5)在操作过程中,如发生异常情况,必须立即停止,拉闸、断电后再进行维修。

(6)切割机必须安装在加工棚内,必须垫起防潮。严禁在露天进行操作。

(7)在操作过程中,防止火花四溅,要设防护罩,防止火灾伤人。

(8)切割完毕后应拉闸、断电,锁好闸箱,把废料清理干净,做到安全生产,文明施工。

(九)隧道机械

凡从事隧道机械维修的操作人员应执行国家、行业现行的安全技术规程。遵守项目部的安全管理规定,严禁违章操作。

1. 一般规定

(1)隧道机械维修工(以下简称维修工)必须具备一定的钳工及液压基础操作知识,经过培训考试合格后,持证方可上岗。

(2)维修工必须熟知自己的职责范围,熟练掌握所维修设备的技术性能、完好标准、检修工艺和检修质量标准,并了解周围环境及相关设备的配合关系。

(3)进入隧道前,要由盾构工区负责人向有关人员讲清工作内容、步骤、人员分工和安全注意事项,维修工要根据当日工作的需要认真检查所带工具是否完好、齐全,材料、备件是否充足,是否与所检修和维修设备需要的材料备件型号相符,并备好专用停电、维修牌。

(4)维修工在进行检修工作时,不得少于 2 人,在维修时应与司机配合好。

(5)不允许在隧道内拆检的设备、部件等,必须及时运到地面检修。

(6)在倾角大于 150°的地点检修和维修时,下方不得有人同时作业。

2. 操作前的准备

(1)维修工进入现场后,要与所维修设备及相关设备的司机联系,处理故障时,要确认故障的部位和性质。

(2)清理所维修设备的现场,应无妨碍工作的杂物。需吊挂起重装备的支撑物应牢固,检查周围有无其他不安全因素,如有问题,应处理后方可作业。

(3)对所维修的设备停电、闭锁并挂停电牌,并与相关设备的司机或周围相关环节的工作人员联系,必要时也需对相关设备停电、闭锁并挂停电牌。

3. 操作

(1)维修工对所负责的设备维护检查时应注意:

①检查各部紧固件应齐全、可靠;

②润滑系统中的油嘴、油路应畅通,接头及密封处不漏油,油质、油量应符合规定;

③转动部位的防护罩应齐全、可靠;

④机械(或液压)安全保护装置应可靠;

⑤各焊件应无变形、开焊和裂纹;

⑥机械传动系统中的齿轮、链轮、链条、刮板、托辊、钢丝绳等部件无磨损或变形;

⑦减速箱、轴承温升正常;

⑧液压系统中的连接件、油管、液压阀、千斤顶等应无渗漏、无缺损、无变形;

⑨相关设备的搭接关系应合适,附属设备应齐全完好;

⑩液力耦合器的液质、液量、易熔塞、防爆片应符合规定;

⑪输送带接头可靠并符合要求,无撕裂、扯边;

⑫上、下输送带应检查防逆止装置,各项保护应齐全可靠;

⑬发现问题应及时处理,或及时向当班领导汇报。

(2)开机盖、油箱进行拆检、换件或换油等检修工作时,必须注意遮盖好,严防落入粉尘、淋水或其他异物等。注意保护设备的防爆面、结合面,以免受损伤。注意保护拆下的零部件,应放在清洁安全的地方,防止损坏、丢失或落入机器内。

(3)运物件时,必须检查周围环境,检查吊梁、吊具、绳套、滑轮、千斤顶起重设施和用具,应符合安全要求。

(4)处理输送带跑偏时,应停机调整上、下托辊的前后位置或调整中间架的悬挂位置,严禁用手脚直接拽蹬运行中的输送带。

(5)输送时,工作人员严禁站在机头、尾架、转动滚筒及输送带等运转部位的上方工作,如需处理事故必须站在上述部位工作时,要派专人停机、停电、闭锁、挂停电牌后方可作业。

(6)在隧道内焊接作业时,必须按《有限空间危险作业安全管理实施细则》中的有关条款和安全技术措施执行。

4. 收尾工作

(1)维修工应会同司机对维修部位进行检查验收,并就检修部位、内容、结果及遗留问题做好检修记录。

(2)清点工具及剩余材料、备品配件特别是运转部位不得有异物。

(3)认真清理检修现场。

三、电动葫芦安全

(1)管片起吊前应检查设备的机械部分、钢丝绳、吊钩、限位器、管片专用插销等应完好,检查电气部分应无漏电,接地装置应良好。在每天工作第一次吊重物时,在吊离地面 10 cm 时应停车检查制动情况,确认完好后方可进行工作。

(2)不准超载起吊,起吊时操作手不准站在物体之间,吊物上升时严防冲撞。

(3)起吊物体要捆扎牢固,并在中心。吊重行走时,重物离地不要太高,严禁重物从人头上越过，工作间隙不得将重物悬在空中。

(4)电动葫芦在起吊过程中发生异味、高温应立刻停车检查，找出原因后，方可继续工作。

(5)电动葫芦钢丝绳在卷筒上要缠绕整齐，当吊钩放在最低位置，卷筒上的钢丝绳应不得少于3圈。

(6)使用来回悬挂电缆电气开关启动，绝缘必须良好，滑动必须自如，并正确操作电钮和注意人站立位置。

(7)在起吊中，由于故障造成重物下滑时，必须采取紧急措施，向无人处下放重物。

(8)起吊重物必须做到垂直起升，不许斜拉重物，起吊物重量不清的不能起吊。

(9)在工作完毕后，电动葫芦应停在指定位置，吊钩升起，并切断电源。

四、电机车有轨运输安全

凡从事电机车的操作人员应执行国家、行业现行的安全技术规程。遵守项目部有关在有限空间作业的安全管理规定，持证上岗，严禁违章操作。进入施工现场必须戴好安全帽，正确使用劳保用品。

(一)电机车的安全技术要求

1. 制动装置

制动装置的功能是迅速减低电机车车速，以至停车，使电机车稳定停放，而不致滑溜，即通常所说的"刹车"。司机在使用时，不能猛刹，预防减速器轴由于制动力过大而发生断裂，反而造成制动失灵。

2. 电气设备及线路

电机车的主要电气设备由蓄电池、直流串激电动机、照明装置，电喇叭等组成。电机车蓄电池广泛采用的是酸性铅蓄电池，装拆时应注意顺序，往车上安装时应先接火线，后接搭铁线。从车上拆卸时，应先拆塔铁线，后拆火线，以防短路产生火花。电机车照明装置要有发光的标志和信号，保证行车安全，其电源电压为12V。

(二)日常维护及保养工作

(1)日常维护及保养是一个很重要的方面，它直接关系到电机车的使用寿命和驾驶的舒适性。要求由驾驶员本人负责，在当班内进行。

(2)日常维护保养的具体内容包括清除车体等外露部分的油垢及积尘，检查和紧固各部位螺丝和开口销，检查电气线路多接点的接触情况和坚固程度，擦拭、打磨各接触点。定期润滑，检查气压表，定期检查铁轮的磨损情况，定期检查制动刹车系统。

其具体要求为：

①停止行驶时，须将熔断器闸刀断开；

②车辆行驶时，不准直接变换前进或后退方向；

③定期检查刹车块，不能粘有油垢，磨损大于1 mm间隙时必须更换，以保证刹车安全可靠；

④传动齿轮如有异响，应及时检修调整，定期检查变速箱齿轮；

⑤严禁超载，在运行轨面较差的地方，应慢速行驶；

⑥电机车电瓶的硫酸浓度应保持正常，电瓶接头保持清洁牢固，无锈蚀，接线整齐，电瓶架保持清洁，无严重锈蚀，如有须涂补防锈漆；

⑦定期检查电气及喇叭，电器触头接触是否良好，无松动，无异常发热，不冒火花。

(三)运用安全

(1)电机车必须由专人驾驶,严禁将电机车交与无证人员驾驶。驾驶员必须经过训练和考试合格,并持有驾驶证。禁止无证人员动用。

(2)开车前应检查刹车、喇叭、转向机、灯光等装置是否齐全完好。不完好不准开车。

(3)司机严禁酒后开车,行车时严禁吸烟,开车时集中思想,不准与他人谈笑打闹。行驶时应遵守有关安全规定,严禁在管片车、浆液车、渣土车和放置电机车上搭载人员。

(4)电机车驾驶室严禁超员。在行驶过程中,交会车辆、调挂车辆时听从调车员信号,不得将人的肢体、身体部分露出车外。

(5)检查齿轮箱油位是否符合要求,蓄电池电极柱导线是否拧紧,其他导线有无松脱。

(6)检查灯光、喇叭等信号装置是否正常。

(7)确认电机车各项安全要求符合规定后方可出车作业,起步前,观察四周,确认无妨碍行车安全的保障后,先鸣笛,后起步。

(8)在启动运行中,要注意仪表板上电流表指针,当指针指向放电位置时,应立即停车检查。

(9)驾驶电机车严禁超速行驶。电机车在成洞段直线上行驶时速最高不得超过 10 km/h,接近岔道前限速至 3 km/h,下坡时要带制动,在弯道和靠近工作面 100 m 距离时限速 5 km/h,并打铃警示,减速慢行,并注意来往行人随时鸣号。

(10)电机车只能在完全停车后,才能倒挡,严禁利用车身进行推撞等违章作业,禁止超高、超宽、超长运输。

(11)在装载行驶中应注意是否有异常声响。出现异常现象应及时停车。

(12)装载物件时必须放置平稳,散体物料应用绳索捆牢。装运危险品要包装严密、牢固,不得与其他物件混装,并低速行驶。

(13)发生事故,应立即停车,抢救伤员,并保护现场。

(14)工作完毕,应做好检查、保养工作,将车驶到规定地点,挂空挡,拉好刹车、安放铁鞋,将电机车擦拭干净,上锁,拔出钥匙。

(15)按规定要求进行充电。

(四)电机车"三查"制度

"三查"制度就是出车前检查、行驶前检查、下班前检查的制度。

1. 出车前检查的内容

①控制系统是否良好可靠。

②各种开关是否灵敏,车灯、喇叭是否良好。

③连接螺栓是否松动。

④蓄电池电压是否充足和正常,无漏电现象。

⑤车辆运行、维护保养和交接班记录是否齐全。

2. 行驶中检查的内容

①注意各部件有无特殊响声或异常气味,刹车气压是否正常。

②注意各仪表的工作情况。

(五)对驾驶人员的要求

(1)驾驶人员,应定期进行体格检查。体检规定为:身高不低于 1.55 m,无红绿色盲,两眼视力各 0.7 以上或经矫正视力 0.7 以上,两耳听力各为音叉测量距离 50 cm,能判断方向,血压以不妨碍驾驶工作为原则。凡患色盲、严重近视、耳聋、精神病、高血压、心脏病等禁忌症者，不得担任此项工作。

(2)作业人员作业时必须穿戴好防护用品。

(3)平时应注意检修，发现事故苗头，应立即采取措施。发生事故时，现场人员应保持镇静，采取补救措施并防止事故扩大。事后，应及时总结经验教训，做到"四不放过"，即事故原因分析不清不放过，事故责任者、领导和群众没有受到教育不放过，没有切实可靠的改进措施不放过，事故责任者没有严肃处理不放过。

(4)驾驶人员在日常操作中要做到"一安"、"二严"、"三勤"、"四慢"、"五掌握"。

①"一安"是牢固树立"安全第一"的思想。

②"二严"是严守操作规程，严守交通规则。

③"三勤"是脑勤，眼勤，手勤。

④"四慢"是情况不明要慢，视线不良要慢，起步、会车、停车要慢，通过道岔、弯路、上下坡道、人多复杂地段要慢。

⑤"五掌握"是掌握车辆技术状况、行人动态、行区变化、气候影响、装卸情况等。

(5)驾驶员应做到"三好"、"四会"、"四过硬"。

①"三好"是管好、用好、修好。

②"四会"是会操作、会保养、会检查、会排除故障。

③"四过硬"是使用设备过硬、驾驶技术过硬、完成任务质量过硬、在复杂情况下心理素质过硬。

五、电机车调车员(把钩工)安全

凡从电机车调车的操作人员应执行国家、行业现行的安全技术规程。遵守安全，持证上岗，严禁违章操作。

(1)上班前4小时严禁饮酒，进入工作现场不准穿拖鞋、凉鞋及赤脚，按防护要求穿戴必要的防护用品，工作期间不准擅自离岗。

(2)负责本岗位的安全管理工作，禁止与工作无关的人员进入工作区域和垂直运输上下井口及车场内。

(3)熟知电机车有关安全规程，正确使用规定的信号指挥电机车司机行使。

(4)上下车必须发给信号，停车后再上下车，电机车司机、调车员都要严格制止他人搭、爬车。

(5)车辆运行前要认真检查牵引杆、插销、挂钩、吊钩、钢丝绳等装置是否有松动、变形、脱落、磨损等，发现问题要立即报告，待处理后方可行车。

(6)坚持捆绑不实、超宽、超高、超长不发车。超挂车不发车。连接装置没连好不发车。保险绳、钩没挂好不发车。信号反馈不清不发车。巷道内有积土、浮尘不发车，钢丝绳打结、扭绕及余绳超长不发车。

(7)严格按照发送信号的程序和规定的信号标志发送信号，严禁乱敲错打。

(8)当发生跑车或错道撞车事故时，下把钩工立即发出紧急信号，及时向上级汇报。上把钩工及工作人员不得私自离开。

(9)在连接或摘脱连接装置时，要站在电机车的侧面向电机车司机发送信号后，再提牵引杆等连接装置。

(10)行车时调车员必须站在安全可靠处，运行时精力集中，注意瞭望前方左右，发现他人及障碍时发出停车紧急信号停车。

(11)调车人员必须坚守岗位，不得请他人代岗，严禁脱岗。

(12)负责巷道内及工作岗位的清理，做到文明生产。

六、充电机安全

1. 操作人员应穿防酸服，橡胶手套、绝缘靴、充电设备应放置在通风、干燥的地方，与易燃、易爆物品的距离不小于 20 m，充电场所严禁有烟火。

2. 电解液的配制

(1)工作前必须穿戴好规定的防护用品，防止酸液灼伤。

(2)配制稀硫酸溶液时，应将浓硫酸慢慢倒入蒸馏水中，并随时搅拌，严禁将水倒入浓硫酸中。

(3)往电瓶内倾倒电解液时，必须小心谨慎，防止酸液溢出或飞溅。

3. 充电电源的操作

(1)操作充电电源时，应先进行安全检查，特别是接地装置必须牢靠，导线、仪表、开关等必须正常，方可运行。

(2)启动时，应按规定顺序操作各处开关，不得颠倒。

(3)充电时，应根据需要，调整供给的电压、电流，不得超负荷。

4. 充电操作

(1)充电室内严禁烟火，不准存放易燃易爆物品，充电时应打开门窗，使空气流通，以便及时排除产生的有害气体。

(2)充电前，应检查蓄电池电解液的液位、温度、比重、连接线以及充电机的接地，均应符合有关规定。

(3)充电使用的夹子，必须夹紧。互相之间连接的导线，必须绝缘良好，防止短路。

(4)充电的电压、电流不许超过工艺上的规定，电解液的温度不得超过 45 ℃，否则应暂停充电。

(5)在充电过程中，要监测充电机仪表盘上的充电电压和充电电流，均应符合蓄电池的电压等级和电流的要求，同时要监测电解液的温度、比重、液位。

(6)蓄电池的温度不应超过 30 ℃，当气泡较多，超过规定温度时，应降低充电电流，并用通风机进行通风、散热，当发生不正常和异常情况时，应立即停止充电，查明原因，排除故障后方可继续充电。在正常情况下，不允许中断充电，必须连续充电。

(7)当比重达到 1.28，单格电压在 2.4 V 左右时，且延续充电一小时后无变化，应结束充电。

(8)电瓶充电后，必须经过 1～2 h 后方准将盖子盖好，拆除充电线，并填写好运转记录。

(9)充电操作过程中严禁操作者擅自离开现场或在无人看管下自行进行，以防电气火灾事故的发生。

七、轨道龙门式起重机垂直运输安全

凡从事龙门吊的操作人员应执行国家、行业现行的安全技术规程。遵守项目部的安全管理规定，持证上岗，严禁违章操作。进入施工现场必须戴好安全帽，正确使用劳保用品。具体的安全操作参考相关章节。

八、巡道工安全

凡从事巡道作业的操作人员应执行国家、行业现行的安全技术规程。

(1)巡道工要对管辖范围内的轨道是否正常,安全负责。经常巡查,发现故障及时排除,有妨碍行车安全时要及时排除障碍。

(2)工作前检查所用工具是否完好。

(3)作业地段应划定危险区,两端设置明显作业标志,在隧道区间内作业应设置红色照明。

(4)各种起重工具必须按其负荷规定使用,千斤顶或起道机的顶、底座面必须平、正、坚实。起较滑的物件时接触面应加垫木。使用撬棒、棍、铁锤、铁镐等工具时,要站稳握紧,注意周围情况,保持安全状态。

(5)巡道工在当班巡道时,在隧道区间内应穿白色反光条防护服,在对龙门吊轨道进行巡检时,应穿红色反光条防护服,按照电机车行驶区间线路、轨道龙门式起重机运行线路认真巡查,如线路发生故障,应立即按有关规定进行防护、处理,及时更换损坏的附件。

(6)接班前要充分休息,严禁饮酒。

(7)按规定着装,正确佩戴、使用劳动防护用品和安全防护用品,不准使用不合格的安全用品、工具及测试设备。

(8)严格执行作业标准、操作规程等有关的安全规章制度,不简化作业过程。

(9)严禁在钢轨上、铁枕上、道心坐卧、乘凉、休息。严禁扒乘机车、车辆,以车代步。

(10)应注意机车车辆动态及脚下有无障碍物,严禁抢越股道。

(11)除线路检查人员外,顺线路行走时,不准走道心和枕木头。在线路附近作业时,人员、设备、工具(包括手持工具)不得侵入限界。上线路作业、检查或检测等,必须2人以上,并穿戴防护用品。

(12)在电机车运行速度≥5 km/h的区段,作业人员必须下道,并观察电机车运行动态。

九、砂浆搅拌系统安全

(一)砂浆搅拌机

(1)搅拌机操作人员必须持证上岗。

(2)工作前,应对作业周围环境进行班前安全检查,临边、临路围墙、场内水泥、粉煤灰罐塔、水泥库房等是否有裂纹、倾斜,一旦发现有安全隐患,必须立即将人员撤离至远处并立即报告,不得擅自处理。

(3)搅拌机安装时必须稳固,并设防雨、防尘、防砸棚,传动部分的防护应齐全。

(4)空车运转,检查搅拌叶的转动方向,各工作装置的操作制动,确认正常,方可作业。

(5)进料时严禁将头或手伸入料斗与机架之间察看或探摸进料情况,运转中不得用手或工具等物伸入搅拌筒内扒料出料。

(6)料斗升起时严禁在其下方工作或穿行。料坑底部要设料的枕垫,清理料坑时必须将料用链条扣牢。

(7)向搅拌筒内加料,应在运转中进行添加新料,必须先将搅拌机内原有的混凝土全部卸出后,才能进行,不得中途停机或在满载负荷时启动搅拌机,反转出料者除外。

(8)作业后必须对搅拌机进行全面清洗，操作人员对搅拌机维修保养时必须切断电源设专人在外监护或卸下熔断器并锁好电闸箱，然后方可进入搅拌筒内维修保养。

(9)作业后，应将料斗降落到料斗坑，如须升起则应用链条扣牢，销好闸箱切断电源，班前班后要检查。

(10)做好本班的文明施工工作，做到工完场清。

(二)放浆工高处作业

(1)从事放浆的作业人员必须定期进行检查。患有心脏病、高血压、贫血症、癫痫病和其他不适应症的人员，均不得从事高处放浆作业。

(2)高处放浆作业人员要按规定穿戴防护用品，如穿软底鞋戴安全帽。悬空高处作业必须系好安全带，安全带应高挂低用。

(3)浆液车作业点下方必须设安全网(板)。

(4)放浆工必须沿工作梯道上下，不得翻爬防护围栏，禁止在浆液车周围躺卧。

(5)发现浆液车工作异常应立即停车，放浆工严禁脱岗。

(6)每天对周围工作环境进行检查，发现浆液车支撑、连接部位有变形、松动，应立即停车，向班长报告，在未处理好之前，不得进行作业。

(三)上料辅助工

(1)皮带输送机应安装在坚固的基础上，输送机四周应无妨碍工作的堆积物。

(2)启动前，应调整好输送带松紧度，带扣应牢固，轴承、齿轮、链条等传动部件应良好，托辊和防护装置应齐全，电气保护接零或接地应良好，输送带与滚筒宽度应一致。

(3)启动时，应先空载运转，待运转正常后，方可均匀装料。不得先装料后启动。

(4)输送机串联送料时，应从卸料一端开始按顺序启动，待全部运转正常后，方可装料。

(5)加料时，应对准输送带中心并宜降低高度，减少落料对输送带、托辊的冲击。加料应保持均匀。

(6)作业中，应随时观察机械运转情况，当发现输送带有松弛或走偏现象时，应停机进行调整。

(7)作业时，严禁在输送带下面掏料，或从上面跨越。输送带打滑时，严禁用手拉动。严禁运转时进行清理或检修作业。

(8)调节输送机的卸料高度，应在停车时进行。调节后，应将连接螺母拧紧，并应插上保险销。

(9)运输中需要停机时，应先停止装料，待输送带上物料卸尽后，方可停机。数台输送机串联作业停机时，应从上料端开始按顺序停机。

(10)当电源中断或因其他原因突然停机时，应立即切断电源，将输送带上的物料清除掉，待来电或排除故障后，方可再接通电源启动运转。

(11)作业完毕后，应将电源断开，锁好电源开关箱，清除输送机上砂土，用防雨护罩将电动机盖好。

(12)日常工作中，应注意观察工作周围安全情况，特别是粉煤灰罐塔，如发现罐塔基础有裂纹、支腿松动、倾斜位移、缆风绳松动、锈蚀等异常情况，应立即报告工区长。

(13)砂浆站作业人员不得在搅拌机、输送机、粉煤灰罐塔下、水泥房内休息、躺卧，工作间隙需要休息时，应与粉煤灰罐塔保持一定安全距离。

十、通风机安全

(1)通风机及管道的安装,必须保证在高速运转情况下稳定牢固保证安全运行。作业处必须有防火设备。

(2)认真检查主机和管件的连接应符合要求,安全防护措施应齐全有效。

(3)检查通风机风扇应紧固,并查看应正常及无障碍物,确认合格后方能开机。

(4)风管接头要严密,口径不同的风管不能混合连接,风管转角处应做成大圆角。风管出风口距工作面不宜太近,以 6~10 m 为宜。风管安设不应妨碍人员行走及车辆通行,如架空安装,支点及吊挂必须牢固可靠。隧道工作面附近的管道应采取保护措施防止损坏。

(5)通风机及通风管,应装有风压水柱表,以便随时检查通风情况。

(6)运行中发现不正常响声以及电弧冒烟或风扇叶片磨损护罩时,必须立即拉闸后检修。

(7)运行中电动机温升超过铭牌上规定时,必须拉闸停机检修或降温。

(8)运转中不准检修,凡无逆止装置的风机必须待风道回风消失后,方允许检修。

(9)严禁在通风机和通风管上放置或悬挂任何物件。

(10)作业后,切断电源。

【案例】2006 年 4 月 24 日,地铁 5 号线区庄站工地发生事故,风管在施工时突然发生爆炸,造成 3 名施工工人受伤,1 人死亡。

十一、常压开舱(换刀)作业安全

(1)参与换刀人员必须身体健壮,动作敏捷,善于协作,年龄在 20 岁以上 40 岁以下,且无心脏病、眼疾、呼吸系统等病史。在生产活动中无习惯性违章操作记录人员。

(2)作业人员必须熟悉盾构机前舱及刀盘构造、性能和安全操作知识,遵守安全和安全生产十大纪律,在对作业对象不清楚的情况下禁止进入舱内作业。

(3)作业人员进入舱体后,必须有第二人进行监护,如果发现有沙涌、水涌、土崩等不稳定迹象,监护人应立即告知换刀人员,换刀人员必须依次立即撤离,迅速关闭舱口,防止事态扩大。

(4)换刀人员必须充足,每班三人,其中,两人换刀,一人在舱口监护,按换刀方案进行操作。

(5)换刀人员要配合默契,工作有交接,采取轮班制,每班进入舱体作业时间不得超过两小时。

(6)换刀过程中,使用盾构机自带的检测、监测仪器对换刀前舱进行有毒有害气体适时监测,防止有毒有害气体侵入,危及作业人员生命安全。

(7)换刀吊具在作业前,应进行严格的安全检查和测试,吊具应牢固可靠,防止刀具在拆换起吊过程中落下伤人,砸坏油缸及其他设施。

(8)在拆换刀具过程中,严禁任何人启动刀盘及无关设备开关,一切拆换吊装作业,必须由指定的专业人员唱票操作。

(9)盾构机操作手必须在控制室内坚守岗位。

(10)作业过程中严禁高声喧哗,保持肃静,现场作业只能有指挥人员和作业人员的对话声音。

(11)作业过程中,必须保证作业通道畅通无阻,使其在发生危险的情况下,有顺畅的逃生路径。

(12)禁止任何无关人员进入换刀作业区。

(13)换刀现场严禁烟火,防止易燃气体燃烧,引起爆炸,若作业必须动火时,现场必须配备有足够的消防灭火器材和呼吸器并保证有充足的通风量,防止作业人员发生窒息。

(14)换刀过程中,确实需要在舱内进行动火作业的,必须严格按照动火审批程序严格审批。

(15)由于受作业环境限制,换刀空间狭小,刀具在拆换吊装过程中,必须在保证作业人员人身安全的前提下,进行机械操作,严禁在视线不清、情况不明,作业人员受安全威胁的情况下操作。

(16)保持洞内 24 小时送风,送电,各值班人员严禁离开岗位。

(17)旁站监护人员必须坚守岗位。

(18)作业现场必须备有清洁饮用水和医药急救箱。

(19)换刀间隙,必须有专人防护,防止地质灾害发生,危及设备和人员安全。

(20)作业现场照明必须充足,照明设施应符合防爆要求。

(21)服从现场值班人员的管理。

【案例】盾构区间隧道不明气体爆炸事故

(1)事故概况

城市地铁工程区间隧道使用盾构法施工,在对盾构机开仓检查过程中,发生不明气体发生爆燃,造成 2 人死亡,6 人受伤。

(2)事故原因

当地政府成立事故调查组,经深入调查取证,并组织专家论证,认定该事故是一起由于疑似沼气的可燃性气体在土仓内逐步释放、聚集,达到爆炸浓度产生爆燃而造成的事故,属不可预见的偶然事件,是历史原因导致的意外自然事故,是一起非责任、非生产安全事故。

十二、压气(换刀)作业安全

(一)压气作业的实施

(1)压气作业人员准备

作业人员应经过压气环境下培训的人员进舱更换刀具。患有肝炎,中耳炎,鼻炎,胆、肾结石等病例者不得进舱作业。

(2)必须要有经验以及经过相关医学培训的操舱人员进行人闸的加、减气压的操作。

(3)压气作业的相关设备检查

①人闸的加压、减压的控制球阀、以及加、减气压管的消声气等是否正常。

②人闸的压力表、土舱的压力表是否正常。

③人闸和人闸外面的通信要保持通畅。

④人闸外面的安全阀是否正常。

⑤人闸的气密性检查是否正常。

⑥人闸的照明、土舱的照明要使用低压的安全电压照明设备。

⑦人闸中的通水、通气情况。

⑧自动加气阀的工作是否正常。

⑨4 号拖车上的空气压缩机要保证正常的运转。

⑩准备一台大立方的电动空气压缩机在隧道，接好通向人闸和土舱的管路。隧道内严禁使用柴油机。

⑪疏通3点或者9点位置土舱壁上面的3寸大球阀管，接通一个软管，保证压气作业时的土舱内部的气体循环工作。

(4)土舱的加压工作

停机前保持土压，准备好充分水化的膨润土，停机出土的一半，然后加入膨润土，保持土舱的压力、然后在出土，再加膨润土液体，使膨润土液体在土舱中浸泡8 h以上。随后打开自动加气装置，冲入压缩空气同时打开螺旋机门，使气压把溶液排除，直到土舱中的气压达到设定的气压为止。

此时，保持自动加气装置的工作正常。同时观察人闸外面的气压表和操作室的土压力传感器全部同步，观察8 h，气压稳定不变。(以及此时需要观察台车上面的空压机的工作是否正常，排压需要在6.0 kg以上)说明土舱加压成功。

(5)人员进舱

进舱的人员不许带手机、打火机等易燃易爆的物品进舱，需要穿棉质的衣物，不许穿化纤的衣物。进舱后，开始加压(在加压过程中，出现任何不适，需要及时地通知操舱人员)，待人闸的压力达到土层的压力时，打开土舱门右上方的平衡阀门装置，使土舱的压力和人闸的压力一致后，一人慢慢地开启土舱门，打开土舱门后，观察土舱，未发现流水、流泥的现象后，再进入土舱工作。

(6)人员出舱

压气人员在人闸中工作的时间一般控制在2 h以内，以保证人员的身体健康安全。工作时间快到时，操舱人员会提前电话通知压气作业人员，压气作业人员接到电话后，停下手中的活，收拾好工具后，依次回到人闸中。最后一人在关闭土舱门时，需要用水把土舱门的橡胶密封冲洗干净，然后关上门，拧紧螺栓，再关闭右上方的平衡阀门，通知操舱人员进行减压。减压过程中不许屏气，不要睡觉，最好多活动关节，用手搓、揉等。直到完成减压后，顺利出舱。

(7)人员出舱休息

完成压气作业的人，出舱后最好不要重复大体力劳动，回宿舍后有条件最好冲洗热水澡。好好地休息，如有不适，要及时地通知项目领导知道。压气作业人员在完成压气的12 h内不得乘坐飞机、潜水以及再进行压气作业。

(二)防火措施

对加压舱的防火问题，必须十分注意。为了确保加压舱的安全，需采取如下几点措施。

(1)舱内一切用电必须使用12V或24V安全电压，禁止任何电路地线接在高压容器上，以防由于电火花而引起爆炸。

(2)电路导线均应装在金属管道内不要暴露，以保护电路导线的绝缘性不被腐蚀、摩擦、割裂等而受到损坏。

(3)所有电气开关都应装在舱外，防止开启时产生电火花。

(4)最好采用舱外照明，如必须舱内照明应使用防爆灯。

(5)一切明火电器最好都不准使用。

(6)不准使用电风扇。

(7)如果使用马达，必须选用防爆马达。

(8)禁止在舱内使用汽油、酒精、乙醚等挥发性物质。

(9)进舱人员衣服最好用全棉织品,不准穿用化纤织品及皮毛衣物,以防摩擦而产生静电火花。

(10)对进舱作业人员进行安全教育。绝对禁止将火柴、或明火带入舱内,要互相检查、监督,共同负责。

(11)舱内一旦发生火灾,必须立即用水或沙扑灭。禁止使用二氧化碳或四氯化碳灭火器灭火。

(三)加压舱使用前的检查工作

加压舱在使用前对各部件要进行认真检查,所有的阀门、管路、压力表是否有堵塞和漏气现象,压力表是否准确,通信装置、照明设备是否正常,舱门开关是否灵便,舱内所需的器材、医疗设备等是否完备,都要一一详细地予以登记。还要检查自动加压系统、空压机等辅助设备的准备情况,检查储气密封容器的压力和气量。必须对加压舱进行耐压和泄漏试验。

加压舱、储气容器和空气过滤器均系高压容器,工作前必须进行检查,各项工序必须按照压力容器的规章制度进行。

(四)进舱人员须知

(1)手表、手机、照相机、钢笔等勿带入舱内、以免损坏。

(2)手表作业人员进舱前必须排完大、小便。

(3)手表在舱内皮肤切忌与金属或舱壁接触,以免减压时因挤压和冷刺激造成肌体局部脱饱和障碍。

(4)舱内不得大声喧哗或打闹。不要乱动阀门、仪表及其他相关设备,减压时不要堵塞排气管。

(五)进舱人员的选择

(1)除潜水员外,要求其他的进舱人员都能适应高气压环境的体格条件,凡患有上呼吸道慢性疾病的患者,慢性化脓性中耳炎,咽股管不通者,慢性肺部疾病患者,支气管哮喘,支气管扩张,肺结核患者,血压过高者,活动性消化道出血者,肝脏、肾脏等均不宜作入舱人员。

(2)工作人员进舱前,需同潜水员一样,进行常规体检,凡急性上呼吸道感染、急性咽炎、咽喉通气不良、肺部感染、外伤、酒后、饱餐后 1 小时内等均不符合进舱条件。经检查,发现体温超过 37.3 ℃(口腔温度)或脉率超过 80～90 次/min 或收缩压高于 135～145 mmHg、舒张压高于 90～95 mmHg 不得进舱。有疲劳、不适者,不准进舱。

(六)操作安全措施

(1)加压过程中,加压舱操作人员要随时与舱内人员保持联系,每一动作要通知舱内。舱内人员得到通知后,要立即明确回答,并做好相应的准备。

(2)操作人员应掌握好升压的速度,若舱内有人感到升压过快(引起耳痛),要马上停止升压或适当降低压力,直到舱内有人通过捏鼻鼓气、吞咽、打哈欠等方法使咽管调压成功后,再继续升压。加压过程中,一般在 0.2～0.6 kg/cm^2 时容易引起耳痛,应稍慢,待机体适应后即可适当增加升压的速度。

(3)加压完毕到减压出舱之前,要定期通风。通风可使舱内二氧化碳和有害气体不致积聚到有损于人体健康的程度。另一方面,通风还可以降低舱温。在供氧时通风,可降低舱内氧浓度。

(4)当电话发生故障时,可用敲击时不发生火花的木棒等沿下表敲击加压舱壁进行通讯。敲击时不可触及阀门、仪表、观察窗。

(5)加压舱用毕，舱内要彻底通风、擦拭、消毒，以保持清洁。

(6)减压出舱的人员，应注意休息，有条件者应洗热水澡，并至少在加压舱附近停留 8 h，密切观察，一旦出现减压病的症状和体征，立即进行治疗。减压出舱后 12 h 内，不宜乘飞机。

(七)操作人员

(1)加压舱操作人员必须由潜水医生担任或在潜水医生指导下由指定的专人负责实施操作。

(2)操作者要认真负责，严守岗位，谨慎地实施操作程序，掌握升压速度，经常观察、询问舱内情况。有经验的操作人员不但要密切观察舱内人员的神情和体态，而且要不断有针对性地询问其主观感觉，这是做好医务保证工作所必要的。

(3)操作人员要认真选择和正确使用减压方案。如在减压过程中、舱内人员主诉皮肤发痒、关节疼痛时，需根据症状和体征的轻重适当延长减压时间。

(4)将加压、停留、减压时间，舱内人员的感觉和加压舱的使用情况，及时、完整、如实地填入记录簿内。

(5)操作人员作交接班时，应按规定的交接手续严格执行，并将详细情况和提请交接班人员注意的事项一一交接清楚。

第三节 盾构出洞与解体安全

一、盾构出洞安全

盾构出洞是盾构法隧道施工中的一道关键工序。在出洞过程中，施工环节多，工作量集中，各工种交叉作业频繁，设备、人员集中，工作零乱，因此加强盾构出洞安全管理和控制尤为重要。

(1)参与盾构出洞的人员必须遵照《盾构出洞施工技术交底》作业流程及要求进行规范操作。

(2)出洞全过程由项目总工程师负责指挥，生产副经理配合，工区长正确实施。

(3)盾构机出洞全过程由测量组负责连续监控地面沉降情况，如有异常情况及时向现场指挥报告。

(4)盾构机出洞时，洞内及盾构机上的施工人员站位必须安全可靠。

(5)基本要求

上岗操作前首先应认真检查周围的安全环境，施工操作中应时刻注意安全生产，严禁盲目野蛮施工。

(6)止水装置安装

①安装洞门止水帘布前，应将洞门碎混凝土块清理干净。

②按要求搭设脚手架和工作平台，操作平台不得有探头板。当无可靠操作平台时必须系安全带(高挂低用或平挂平用，严禁低挂高用)。

③按方案安装出洞装置(即“袜套”)、圆环板等，必须保证“袜套”完整及导向轨道在洞口“袜套”处断开，洞圈内要重新烧焊支点，防止盾构叩头。

(7)盾构出洞

①出洞口土体加固

盾构出洞前，土体加固需根据地质、型钢规格、环境条件等加以确定。加固质量一定要保证，防止流砂出现。

②基座定位

盾构中心的坡度与隧道设计轴线坡度保持一致，考虑到盾构后期沉降因素，盾构中心可比设计轴线略高 5～15 mm，然后对基座加支撑，防止盾构基座移动。

③防止盾构旋转、上飘

盾构出洞时，正面加固土体强度较高。由于盾构与地层间无摩擦力，盾构易旋转，应加强盾构姿态的测量，如发现盾构有较大转角，可以采用刀盘正反转的措施进行调整。盾构刚出洞时，推进速度要缓慢，刀盘切削土体中可加水降低盾构正面压力，防止盾构上飘，加强后盾支撑观测，尽快完善后盾钢支撑。

二、盾构机解体安全

(1)全体施工人员必须遵照《盾构机的出井拆除方案》作业流程及要求进行规范操作。

(2)盾构机及后配套拆除全过程由项目副经理负责指挥，机电部配合，工区长正确实施。

(3)盾构机解体过程中，作业人员站位必须安全可靠。

(4)工区长负责监控盾构机解体全过程的安全。

(5)每班做好班前交底，做到交任务、交安全、交质量，严格执行安全和盾构机解体交接自检和互检制度。

(6)盾构机解体前，由专业电工负责切断电源，并拆除连接线。

(7)用于拆除盾构机的工具，放置要平稳，防止跌落伤人。

(8)2 m 以上及无安全可靠站位时，必须穿戴安全绳。

(9)拆除有压力的管线及容器时，必须确认管线、压力容器内无压力时，方可进行拆卸。

(10)在盾构机解体过程中所使用的电焊机，其焊点必须与氧气、乙炔保持 10 m 的安全距离，如受作业环境限制，其安全距离不得小于 5 m，并设置可靠的防火隔离屏。

(11)气割作业必须按规定进行动火审批，按要求做好突发火灾的应急准备，氧气、乙炔瓶保持 10 m 的安全距离，动火点与气瓶保持 10 m 的安全距离，如受环境限制，其相互间距不得低于 5 m，并设置安全可靠的防火隔离屏。

(12)在盾构机解体过程中，所有带电和非带电电线、电缆不得放置在水中，带电线路必须张挂在可靠位置，非带电线路必须及时收卷。

(13)临时用于吊装、拖拉、张挂小型机具、设备、设施的钢丝绳必须符合载荷及安全使用规定。

(14)盾构机解体过程中，各个作业面必须预留出不低于 45 cm 的安全作业通道，拆下的部件应及时放置在指定位置，不得占用作业通道。

三、拆除负环管片安全

(一)拆除负环管片

(1)进入施工现场必须遵守安全生产纪律。

(2)管片拆除吊运时必须有专人统一指挥。

(3)拆除管片，应先搭设内脚手架，禁止用钢板或栏板作脚手板为立人板。

(4)管片应按次序分批段拆除，不得一次将整环管片螺栓松懈或拆除，以免发生一次性大面积脱落，应按拆除技术方案规定的顺序拆除。

(5)拆卸管片和螺栓时,应满足管片的自稳角,应先挂好吊钩,紧绳索,穿好吊销杆,紧固螺栓,再行拆除连接螺杆,严防管片滑移倾倒。拆除管片时应及时用卡具或螺杆将相邻管片连接好,防止倾倒、垮塌。

(6)在拆除管片时,一般用长撬棒,作业人员不允许站在正在拆除的管片上,要注意管片板掉下,尤其更要注意,拆除管片人员要站在稳固、有安全防护装置处作业,防止在拆除过程中管片突然整环塌落伤人。

(7)管片起吊前,应检查装吊用绳索、吊具、卡具及每块管片的吊环是否完整有效,并应先拆除一切连接螺杆、临时支撑,经检查无误后方可起吊。

(8)管片起吊前,应复查穿孔连接螺杆是否拆净,在确定无遗漏且起吊管片与其他管片、连结体完全脱离后方可起吊。

(9)管片起吊前,应将吊车的位置调整适当,做到稳起稳落,就位准确,禁止用人力手扶、搬动管片,严防管片大幅度摆动伤人或碰倒其他管片。

(10)管片拆除后、吊装时,吊装物下方及重心摆动方向禁止站人,待作业人员撤离到安全有效距离位置时,方可起吊,防止管片飞落伤人。

(11)拆除下来的管片应平卧放置,严禁立放和侧放,严禁堵塞作业通道。

(12)拆除管片间歇时,临边管片应紧固、牢靠、支撑,作业人员应远离管片拆除区域,严防倾倒伤人。

(13)在管片拆装区域周围,应设置围栏,并挂明显的标志,禁止非作业人员入内。

(14)在管片拆除、放置时,人员必须站在安全可靠的地方操作,严禁人员随管片起吊。

(15)吊钩应垂直管片,不得斜吊、强拉、大动作,以防碰撞相邻管片和墙体,管片超过障碍物以上的允许高度,才能行车移动。

(16)在大风情况下,根据安全规定,不得做高空垂直运输,以免在拆除过程中发生管片间与其他障碍物之间的碰撞。

(17)管片拆卸作业中,卸下管片应及时运回地面,分类有序堆放整齐。

(二)拆除反力架

(1)反力架和负环管片拆除必须按照《反力架和负环管片拆除方案》规定的程序和要求实施作业。

(2)登高作业人员不得穿硬底鞋和带钉易滑鞋,必须穿戴好个人安全防护用品,安全绳应挂靠在牢固的物体上,高空作业人员站位应当安全、稳妥。

(3)必须有统一的指挥,指挥信号准确、有效,操作规范、可靠。

(4)在拆除范围设置警戒线,严禁人员在吊物下站立和通行。

(5)用于起吊反力架的设备、钢丝绳、吊带等起重工具必须严格检查,不得使用有缺陷的工具,吊装设备、工具在拆除过程中如有损坏和过度磨损,必须立即更换。

(6)每班作业之前必须进行工作交接,交任务、交安全、交质量,严格安全。

(7)对拆除现场周围的电缆、电线、水管进行有效的保护,必要时关闭供电线路电源。

(8)联络通道在进行爆破作业之前,必须确定爆破作业的时间,并由联络通道施工长当面通知拆除现场管理人员,停止拆除作业,并离开拆除现场。

(9)拆除下的吊物应放置在平稳、坚实的地面,不得悬吊在空中,对稳定性差的物体采取有效的支撑措施,登高作业人员在得到联络通道爆破信号时应当立即回到地面,所有人员必须远离拆除物范围。爆破作业之后,应当对拆除物进行查看,如有异位和不确定安全隐患,必须对拆除物实施加固,方可登高作业。

【案例】深圳地铁隧道爆破导致出现伤亡事故

(1)事故概述

地铁 5 号线 5305 标段第四工区隧道爆破时发生意外,一名施工人员在为哑炮排险时,哑炮突然爆炸,施工人员被当场炸死。

(2)事故分析

在爆破掘进过程中,可能出现哑炮,在未采取任何保护措施的情况下,一名工人只身前往炸药安置地点,炸药突然发生爆炸,导致事故发生。

(10)电机车停靠在坡道上装运拆除物时,必须设置可靠的防溜车装置。

【案例】盲目处理盲炮导致伤亡事故

2009 年 10 月 26 日,深圳地铁五号线布吉丽湖花园 5305 标线段第四工区隧道进行岩石爆破。药包未在预定时间起爆,几分钟后,工人们都想当然地认为遇上哑炮了,工人谢某从藏身处走上前查看,此时药包突然发生爆炸。爆炸又引起隧道塌方。事故导致 1 人(谢某)死亡。

第四节　联络通道和矿山法施工安全

一、管片支架安全

(1)进入施工现场必须佩戴安全帽、穿统一制式反光条服、工作鞋,高处作业人员必须系好安全绳。

(2)搭设的原则:先下后上、先墙面后主体的施工顺序。

(3)搭设现场设专人进行指挥,并密切与电机车调车员联系、协调,在距离搭设现场前后 100 m 处设置安全警示灯,提醒电机车驾驶员鸣笛、缓行。对搭设作业进行安全监督检查,发现不安全隐患及时排除。

(4)按施工技术方案搭设管片支撑架,未经检查、验收合格,不得投入使用。

(5)验收合格的支撑架任何人不得擅自拆改。

(6)每天施工前,必须对支撑架进行检查,防止因受电机车行驶扰动导致支撑架位移、变形而造成的事故,支撑架环管片一侧及顶部,需用三角木楔紧。

(7)作业所用材料不得在隧道内加工,要堆放平稳,不得侵入电机车运行线路,高处作业要整洁,不能乱摆乱放,防止电机车行驶过程中受扰动而掉落伤人和造成电机车出轨、倾覆事故。下班和作业休息间歇,不得将杆件、工具放置在高处,防止落下伤人。

(8)搭设支撑架的材料使用、构造形式、尺寸要求、组架形式及与结构物连接点均必须符合施工图要求,不得擅自更改。

(9)搬运杆件时,如非人力所为的大型杆件,不得进行人力搬运,必须采用机械吊运。

(10)操作时必须有工区长带领、指导,由低到高,稳固后再逐步增加。

(11)正确使用个人防护用品和采取安全防护措施。

(12)任何人不得安排未经安全技术交底的人员上岗作业。

(13)接受任务后,必须根据任务特点和交底要求进行认真学习和讨论,确定支搭方法,明确分工。在开始操作前,工区长和班组长应对施工环境及所需防护用具做一次检查,消除隐患后方可开始操作。

(14)在高处(距地高度 2 m 以上)作业时,必须佩戴安全带。所用的杆件,应拴 2 m 长的杆子绳。

(15)搭设作业工作平台应满铺模板或走道板，并不得有探头板，在架子上操作应精力集中，禁止打闹和玩笑，休息时应下架子。

(16)搭设杆件时，必须 2～3 人配合操作，由中间一人结杆、放平，按顺序固定。递杆、拉杆时，上下左右操作人员应密切配合，并防止杆件突然脱落、坠落。

(17)每班调车员在调车工作前，应告知电机车司机在行驶途中注意行驶安全，告知联络通道处正在进行管片支撑架搭设作业，并随时保持与联络通道施工人员的联系。

(18)电机车驾驶员应熟悉区间内工作环境，注意联络通道施工人员的安全，不得超速行驶，电机车在距离联络通道施工点前后 100 m 时，应提前鸣笛、减速，行驶速度不得超过 3 km/h，并随时观察车辆运行情况，听从指挥。

(19)轨道维护工应加强对联络通道施工点前后 100 m 处轨道的维护工作，防止因轨枕位移、断裂，轨缝间隙过大，轨面不平整，轨道压板、螺杆松动等隐患造成的电机车倾覆、跳轨等电机车伤人事故。

二、人工开挖联络通道安全

(1)顶部及起拱线以上应无冒顶片帮的危险，否则不准作业。

【案例】2007 年 3 月 28 日，中铁某局集团二公司北京地铁 10 号线第 2 合同段苏州街车站南出入口暗挖施工，对已经发现的初期支护严重变形地段没有及时采取加固处理措施，强行进行掌子面开挖作业，导致冒顶塌方事故，将 6 名作业人员掩埋死亡。

(2)超过控顶距离，必须按作业规程要求进行处理。

(3)工作面主风管安设合格，无漏风、风嘴灵活，符合规定。

(4)操作前的准备工作

①风绳(胶管)与干风管接好后，要慢开风门向无人处吹风，排除风绳内杂物，然后再接风镐，并拧紧接头。操作中随时检查接头是否牢固，以免脱扣伤人。风镐在使用前及使用中要注油。

②要将支护及刹帮顶的材料准备齐全，并顺着溜槽边或人行道摆放整齐，不得乱堆，妨碍行人。

③检查工作面的中心画线或拉线，决定开挖的尺寸。

④风镐落石前，应先找好退路，以防片帮或块石掉落伤人。落石时一手握镐柄，一手托住镐体，用力向岩壁推压，不要硬顶强冲，以减轻手臂震动和损坏风镐尖。

⑤水平或向上作业时，握镐体的手臂应靠近身体以增加力量。作业时应随时注意作业下方，避免石块落下伤人。

(5)使用风镐时按说明规定和要求来用，如发现缺少机件和有损坏处及时进行修理，否则不能使用。

(6)禁止带风(不闭风阀)装卸风镐和带风清洗风镐。

(7)各种配套设备未经有关负责人的允许，任何人不准擅自开动或关风送电。

(8)各种设备用完后要清洗干净妥善保管。

(9)联络通道施工作业期间，严禁侵线作业，电机车安全运行范围以内，禁止堆放各类物料。

(10)及时清理洞口轨道周围的渣土，按时抽排洞内积水，不得阻碍电机车的正常运行。

(11)施工过程当中,应对联络通道施工周围的管片进行详细查看,发现管片渗水、管片螺杆松动、管片变形等异常情况,必须立即向经理部报告,并停止联络通道的施工,派出安全防护人员守住洞口,禁止一切人员进入隧道。

(12)联络通道掘进使用的空压机安放位置不得影响电机车安全运行。

(13)渣土车停放在联络通道洞口装渣时,必须确定电机车停稳后,方可上车脱钩并同时在轨道上方放置铁鞋,然后进行装渣作业。

(14)加强与盾构工区的工作联系和沟通,相互之间不得彼此影响正常的施工生产,施工作业过程中不得留有安全隐患。

三、废水泵房积水井开挖安全

(1)严格执行施工组织设计和安全技术措施,不准擅自修改。

(2)基坑开挖前,应先检查了解地质、水文和地面道路、附近建筑物、民房等状况,开挖过程经常观测变化情况,发现异常,立即采取应急措施。

(3)作业前要全面检查开挖的机具、电气设备是否符合安全要求,严禁带“病”运行,基坑现场排水、降水、集水措施是否落实。

(4)作业中应坚持由上而下分层开挖,采取短进尺,弱爆破,强支护的原则,不准碰损基坑壁或碰撞支撑系统,防止坍塌,未支护前不准超挖。

【案例】2005 年 11 月 30 日,北京地铁 10 号线 22 标段发生坍塌事故,至少 400 m 范围内的基坑塌陷 10 余米。

(5)基坑周边严禁超荷载堆土、堆放材料设备,不得搭设临时工棚设施。

(6)基坑抽水用潜水泵和电源电线应绝缘良好,接线正确,符合三相五线制和“一机一闸,一漏一箱”要求,抽水时坑内作业人员应返回到坑顶,不得有人在坑内边抽水边作业,移动泵机必须先拉闸切断电源。

(7)吊运、转运渣土时,应有人指挥。

(8)基坑开挖过程,应按设计要求,及时配合做好锚杆拉固工作。

(9)基坑开挖到设计标高后,坑底应及时满封闭,及时进行基础施工,防止基坑暴露时间过长。

(10)开挖过程的石方爆破,应严格按照审批方案施工,并严格按有关爆破器材规定运输、领用、存放和管理(包括遵守爆破作业安全规程)。

(11)夜间作业应配有足够照明,基坑内应采用 36V 以下安全电压。

(12)深基坑内应有通风、防尘、防毒和防火措施。

(13)作业人员必须沿斜梯道上落基坑。

(14)现场施工区域应有安全标志和围护设施,防止落入基坑。

(15)基坑施工期间由专人负责基坑周围地面变化情况的巡查。如发现裂缝或塌陷,应及时加以分析和处理。

(16)坑壁渗水、漏水应及时排除,防止因长期渗漏而使土体破坏,造成挡土结构受损。

(17)开挖期间,应注意挡土结构的完整性和有效性,不允许因土石方的开挖遭受破坏。

(18)非持证、指定爆破工,严禁从事爆破加工、运输、安放、领退等工作。

(19)联络通道和废水泵房积水井施工安全工作由工区长负责。

第五节　收尾(撤场)阶段安全

一、拆除工程安全

(1)拆除施工现场内的各类设施必须根据《拆除方案》逐项有序进行。

(2)作业前,首先根据工区长当天下达的拆除指令确定需要拆除的设施,对拆除范围进行班前安全检查。

(3)拆除前,必须将要拆除设施周围的电线、电缆、风水管道、人行走板、扶手、围栏、电话线等迁移。

(4)拆除电线、电缆周围的设施时,必须有专业电工在场,否则不准拆除。

(5)有高血压、贫血、恐高症等疾病的人严禁从事高空或登高拆除作业。

(6)作业前必须先戴安全帽,系安全带,穿工作鞋,站在稳固的结构部位上操作。安全带要挂在牢固可靠之处。

(7)拆除作业应自上而下进行,禁止同时交叉拆除。当拆除某一部位时,应防止其他部位发生脱落。高处拆除作业下方必须设警戒。

(8)在电线、电缆上方拆除时,除有专业电工在场外,对拆除下方的电线、电缆要有隔离措施。

(9)使用铁锤等重型工具进行拆除作业时,要检查铁锤与连接柄是否安全牢固,有松动的不能使用。

(10)车站内、隧道中的防护栏杆、楼梯等,应和整体拆除程度相配合,不准先行拆除。

(11)具有起承重作用的支柱和横梁,要等它所承担的全部结构拆掉后才可拆除,拆除物上不许多人聚集,严禁超荷载堆放材料,以免发生危险。

(12)高处拆除不得向下抛掷拆除物,对重量大的拆除物应当采用链条葫芦缓慢下落,对重量较轻的拆除物,可采取滑轮绳索放落。

(13)拆除作业环境应有充足的灯光照明。对拆除对象情况不明,视线不清的,不得进行拆除作业。

(14)拆除下来的物资、材料,应当及时清运出现场,不允许在作业现场大量堆积。

(15)拆除物需要使用电机车转运的,必须有序堆放并绑扎牢固。不得超高、超宽、超长、超限堆放。

(16)龙门吊起吊拆除物前,必须对拆除物进行必要的整理,堆码整齐,捆绑牢固。易滑、易散落的物资必须进行可靠的捆绑或采取有效的吊运措施。

(17)地面堆放物资不得靠墙堆放,防止围墙倒塌。

(18)车站、洞内、地面堆放的物资,必须进行有效的捆绑固定,防止滑动,倒塌。

(19)拆除现场和材料整理现场,不得追逐、嬉戏打闹。

(20)每班下班之前,必须对拆除现场进行安全检查,对有安全隐患的拆除点,必须要完全消除安全隐患之后,方可下班。不得留有安全隐患。

(21)拆除作业点,必须有畅通的安全通道,拆除物不得堵塞安全通道。

(22)拆除物不得堆放在井口、临边等高处,不得堆放在电机车轨道旁边。严禁将拆除物堆放在配电箱、变电室周围。

二、拆除板房和简易工作间安全

(1)拆除活动板房应由上至下、由里到外逐一进行。

(2)作业前，首先对拆除点进行班前安全检查。

(3)拆除前，必须由专业电工先将房屋内外的电线迁移。

(4)有高血压、贫血、恐高症等疾病的人员严禁从事高空或登高拆除作业。

(5)作业前必须先戴安全帽，穿工作鞋，站在稳固的结构部位上操作。

(6)拆除作业应自上而下进行，禁止同时交叉拆除。当拆除某一部位时，应防止其他部位发生脱落。高处拆除作业下方必须设警戒。

(7)上层过道、楼梯等，应和整体拆除程度相配合，不准先行拆除。

(8)具有起承重作用的支柱和横梁，要等它所承担的全部结构拆掉后才可拆除，拆除物上不许多人聚集，严禁超荷载堆放材料，以免发生危险。

(9)高处拆除不得向下抛掷拆除物。

(10)夜间不得进行拆除作业。

(11)拆除下来的物资、材料，应当及时清运出现场，不允许在作业现场大量堆积。

(12)拆除物不得超高、超宽、超长、超限堆放。

(13)拆除现场和材料整理现场，不得追逐、嬉戏打闹。

(14)每班下班之前，必须对拆除现场进行安全检查，对有安全隐患的拆除点，必须要完全消除安全隐患之后，方可下班。不得留有安全隐患。

(15)拆除作业点，必须有畅通的安全通道，拆除物不得堵塞安全通道。

第四章　盾构隧道施工风险与规避对策

隧道与地下工程与其他工程项目相比，由于具有隐蔽性、复杂性和不确定性等突出的特点，风险大，无论是设计、施工、决策都会遇到很多困难和障碍。尤其是在城市繁华或周围环境复杂的地带，隧道与地下工程的施工和运营要涉及到过多的拆迁、对周围环境及管线的影响，如果决策考虑不周，在其规划、设计施工和运营中均会对社会和国家造成不必要的重大的损失和不可估量的社会负面影响。

第一节　地质预测预报准确性风险及对策

一、地质预测预报准确性风险

由于地质勘探的局限性，盾构掘进过程中遇到未预测到的不良地质和地下障碍物的风险较大。

例如，在深圳地铁一期工程2B标段盾构工程（福民站—会展中心站）右线区间盾构推进过程中，就出现了因地质勘探不准而造成盾构机不能正常掘进，刀具及刀盘磨损严重，甚至酿成安全事故。因此，施工前地质勘探力求精细，施工中应通过地质补勘及超前地质预报等手段对隧道工作面前方地层进一步探明。2006年1月4日上午，广州市黄埔区大沙地东路地铁五号线大文区间盾构施工路面发生沉陷，沉陷区域直径约6 m，深度为60 cm。发生下陷的路面位于该项目部西侧围墙根下，水泥路面从四周朝路心凹陷，中心处下沉半米多深，路面的围墙受牵引后，墙壁出现大量裂痕（见图4-1）。专家现场分析认为，该地段为地质条件极为复杂的断裂带，且上部为回填砂土层，沉陷处地下水丰富。为保证安全和确保工程质量，采用了盾构法进行施工，因施工中盾构机扰动了地层，地下水流失而引起路面局部沉陷。

图4-1　广州市黄埔区某区间盾构施工发生路面沉陷情况

图4-2所示为北京地铁黄庄站地层空洞。图4-3所示为广州某地下通道施工发现的空洞。

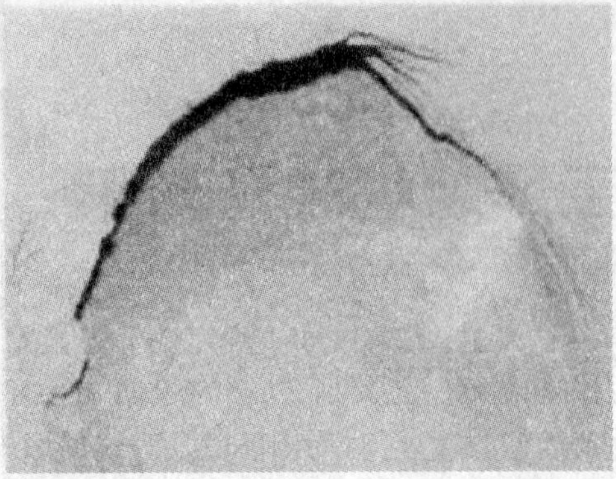

图 4-2　北京地铁黄庄站地层空洞

图 4-3　广州某地下通道施工发现的空洞

北宫门站—龙背村盾构接收井区间长度为 494 m，最小线间距为 12 m，最小曲线半径为 350 m，区间隧道平均覆土厚度为 10 m。

龙背村盾构接收井长 14 m，宽 29 m。两端分别与明挖区间和盾构区间相连，专门为盾构机调头设计。

盾构区间平面布置见图 4-4。

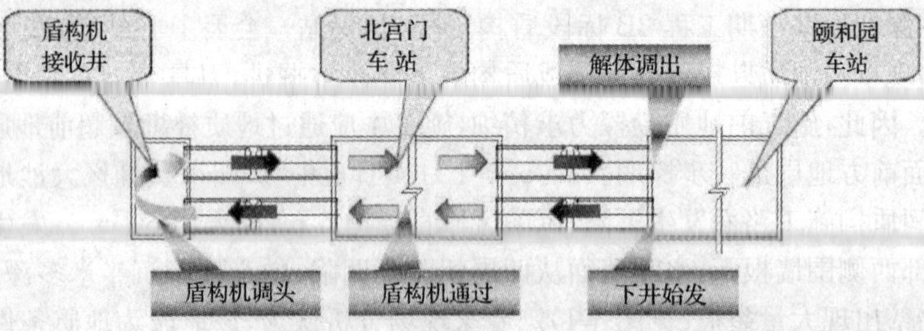

图 4-4　北京地铁 M4 线 20 标颐和园站—北宫门站盾构区间平面布置图

区间穿越工程地质多为粉质黏土、粉砂土及粉土，局部穿越风化岩石（岩石最高单轴抗压强度为 76MPa 左右），个别部位还有砂卵石层侵入隧道断面。

2006 年 4 月 1 日盾构机掘进至颐和园—北宫门区间盾构左线第 598 环（K26＋073.75）和第 632 环（K26＋114.55）处发现硬岩，刀具磨损严重。详见图 4-5。

(a) 结核体（石英含量高）　　(b) 遇硬岩刀具磨损严重

图 4-5　北京地铁 M4 线 20 标颐和园站—北宫门站盾构掘进遇硬岩情况

北京站到北京西站地下直径线工程盾构在2008年10月29日完成66 m的掘进后在K6+718处故障停机，经检查发现3、6号保险轴断裂，8号保险轴有裂纹，后予更换。带压进仓人员通过手掌触探及工具检查，发现掌子面地层主要由砂卵石构成，土体结构密实，胶结强度高，自稳性好，后又2次带压开仓检查了开挖仓上部及开挖仓下部，未发现任何异物存在，刀具磨损较严重，七成以上的切刀都存在不同程度的崩齿、磨损，周刮刀及撒裂刀磨损、崩齿现象也非常普遍。从开仓检查及对液压、电气各系统检查、地勘资料的核实，初步分析造成盾构设备故障、刀具严重磨损的主要原因是由于隧道穿越的地层较原地勘资料变化较大，呈现为致密的卵石层，使得重型撕裂刀无法松动土层，形成实际上利用切刀松动土体，大部分刀齿受卵石碰撞而崩裂；周边刮刀由刀齿切削地层改为刀座切削地层，刀盘扭矩增大，进一步加剧刀具磨损，增大了掘进扭矩。基于上述情况，施工单位会同业主、盾构机制造厂及有关专家进行研究，决定对盾构机进行改造，以适应工程地层条件，现盾构掘进已进入正常。刀具损坏情况见图4-6。

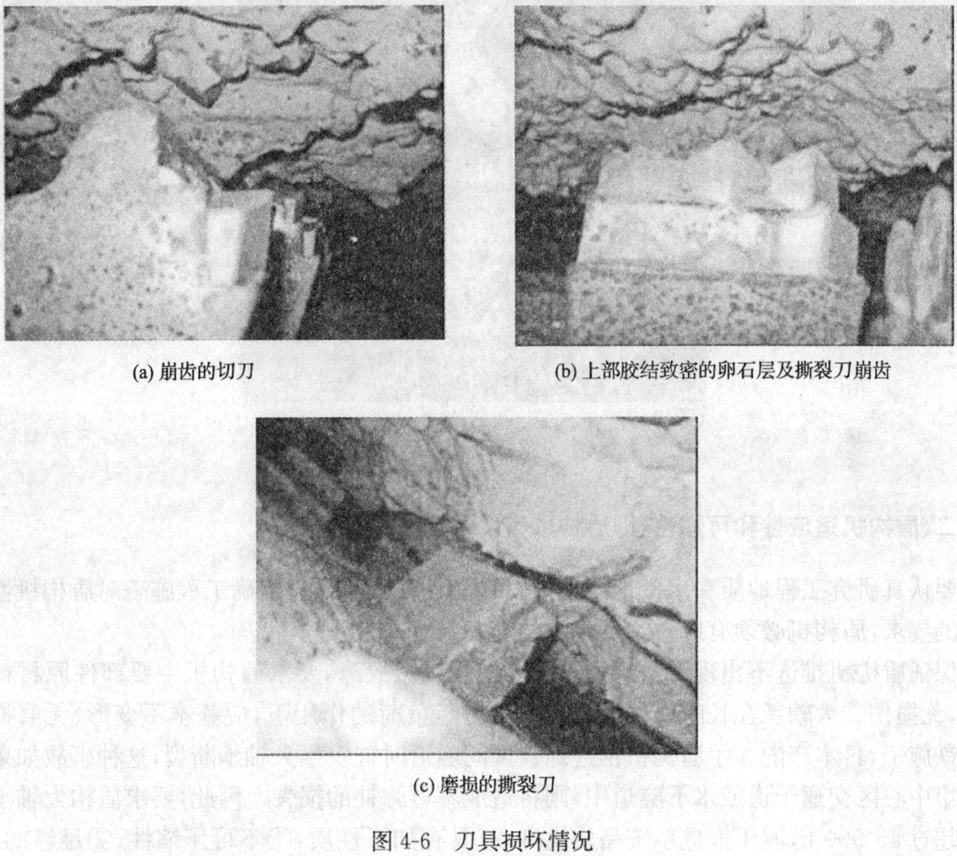

(a) 崩齿的切刀　(b) 上部胶结致密的卵石层及撕裂刀崩齿

(c) 磨损的撕裂刀

图4-6　刀具损坏情况

二、地质预测预报准确性风险对策

工程施工前，通过补充地质钻孔和回声测深仪，进一步查清隧道的地质条件和覆土厚度，为盾构机选型、盾构掘进参数的选取及制定相应的辅助措施提供第一手准确资料。

盾构机本身具有超前地质钻机及超声波等超前地质探测装置，在施工中进一步对工作面前方地层进行探明，以便早发现、早处理。

第二节　盾构机适应性和可靠性风险及对策

一、盾构机适应性和可靠性风险

盾构机的选择及其施工的可靠性，包括保持开挖面的稳定、切削刀盘的种类、出土方式、主轴的扭矩、推进能力以及最为关键的盾构机械的密封性能等方面，均应紧密结合工程地质、水文地质等条件认真研究，对选用的盾构机进行详细的比较。盾构机选用正确与否关系到工程的成败。

例如，上海合流污水治理 9.1 标排放口隧道发生的左线隧道断裂、沉陷事故，除了全断面流砂和局部沼气包突然释放等原因之外，选用的小刀盘搅削拖板式前进盾构机机型不对，也是其中的主要原因。该工程选用的盾构机刀盘见图 4-7。

图 4-7　小刀盘搅削拖板式前进盾构机

二、盾构机适应性和可靠性(即盾构选型)风险对策

要认真研究工程地质和水文地质条件，根据拟建工程特点，明确工程施工对盾构机性能和功能的要求，盾构机必须有应付突发事故的设备配置。

保证盾构机推进不出现无法现场维修更换的机械故障，要求盾构机主要部件原材料性能优良，无损伤。大轴承在长时间挤压力和扭转力矩负荷的作用下，应基本不变形、无磨损。广州地铁施工，日本产的二手盾构机推进地铁区间隧道时曾发生大轴承断裂，这种事故如果发生在城市中心区交通干道或水下隧道中，则将造成不可弥补的损失。因此，要求盾构大轴承使用周期超过 15 000 h，液压推进系统品质优良，应具有如下性质：①不可压缩性；②足够的黏性；③物理化学性能稳定；④可防锈防腐蚀；⑤润滑性能良好；⑥密封性能好；⑦可将水、灰尘等不溶性不纯物分离；⑧千斤顶重量轻，耐压性能好，易于维护更换。

配置耐磨性的盘刀和滚刀，防止砂砾复杂的地质条件下刀具快速磨损，刀具易于在常压或局部气压下更换。盾构机必须具有满足人员带压进仓的保压装置。

测定工作面水土压力传感器及超前地震波探测系统，元件要可靠，能经受振动、潮湿、污染等恶劣条件而不损失其性能。地震探测系统随时向盾构机操作者提供切土刀盘前方20～30 m 实时三维反射图像，超声波可以自动检测显示碎石渣、金属废弃物对切土刀盘和盾壳的磨损。

视工程具体情况盾构机必须配备多功能超前钻机，可实现全断面帷幕注浆。

第三节　盾构进出洞施工风险及对策

一、盾构进出洞施工风险

国内盾构施工经验表明：盾构进出洞安全是盾构法隧道施工的一个重要环节。目前国内盾构法隧道多起事故均发生在盾构进出洞上，主要包括：盾构进出洞端头地层的加固方案、加固范围等，盾构进出洞盾构姿态的控制、良好的土压或泥水平衡的尽快建立等。选择合理可靠的端头地层加固方案、良好可靠的密封止水装置对盾构安全进出洞至关重要。

【案例】上海延安东路南线隧道出洞段覆土为 6 m，采用深层搅拌桩加固，盾构出洞后发生严重泥水冒浆和加固土体堵塞泥水管道现象，引起掘进施工困难，土体严重坍方，拖延了施工期。南京地铁一期工程、深圳地铁一期工程等都先后发生盾构进出洞地面塌陷或盾构上浮的事故。广州地铁四号线大学城专线某盾构区间，因端头地层加固缺陷，导致盾构出洞时工作面出现大面积坍方，影响工期近 1 个月。

二、盾构进出洞施工风险对策

认真研究盾构进出洞端头地层条件，借鉴类似工程盾构端头地层加固经验，制定出安全可靠的地层加固方案。根据有关工程经验，盾构机进出洞端头地层加固长度宜不小于盾构机的长度。

洞口打开前，必须对地层的加固效果进行检验，只有符合规定后才能打开。

在进行始发台、反力架和首环负环管片的定位时，要严格控制始发台、反力架和负环的安装精度，确保盾构始发姿态与设计线路基本重合。

第一环负环管片定位时，管片的后端面应与线路中线垂直，负环管片轴线与线路的切线重合。

出洞前应在基座轨道上涂抹油脂，减少盾构推进阻力；在刀头和帘布橡胶板上涂抹油脂，避免推进时刀头损坏洞门帘布橡胶板。

在始发阶段，由于盾构机推力较小、地层较软，而盾构始发基座相对不会沉降变形，要特别注意防止盾构机低头。由于盾构与地层间无摩擦力，盾构易旋转，宜加强盾构姿态测量，如发现盾构有较大转角，可以采用刀盘正反转的措施进行调整。始发掘进速度宜缓慢，尽量减少对土体的扰动。

在始发阶段由于设备处于磨合阶段，要注意推力、扭矩的控制，同时也要注意各部位油脂的有效使用。掘进总推力应控制在反力架承受能力以下，同时确保在此推力下刀具切入地层所产生的扭矩小于始发台提供的反扭矩。

第四节　开挖面失稳及对策

一、开挖面失稳

可能造成开挖面失稳的风险因素是开挖中前方遭遇流沙或发生管涌，盾构机将发生磕头或突沉；开挖中前方地层出现空洞，导致盾构机轴线偏移、沉陷以及隧道塌方冒顶；盾构机推进过程中，出现超浅覆土，则导致冒顶；盾构推进中突然遇到涌水，导致盾构机正面发生大面积塌方；由于泥浆性能较差，不能保证开挖面土体稳定，致使地表产生过大变形。

二、开挖面失稳对策

(1)控制推进速度和泥渣排土量及新鲜泥浆补给量。

(2)超浅覆土段，一旦出现冒顶、冒浆随时开启气压平衡系统。

(3)利用探测装置进行土体崩塌检查。为保证开挖面的稳定，施工中要利用安装在盾构顶部的探测装置定期进行检查，判断盾构前上方的土体有无松动。一般要求检查频率为2～3次/d，并做好探测记录。

(4)地表沉降与信息反馈。地表沉降是反映盾构正面稳定的一个方面，跟踪测量因盾构掘进而引起的地表沉降情况。一般每天需对盾构前10～20 m、盾构后30～50 m轴线区域内的各沉降点进行监测。开挖面不稳定而产生的地表沉降往往发生在盾构切口前方，这时应检查泥水质量及切口水压。

(5)开挖面水压信号检查。在检查开挖面水压时，应注意检查开挖面水压信号传感器，有时会因管路堵塞而影响正常的数据采集。

第五节　盾尾密封失效及对策

一、盾尾密封失效

盾尾密封主要是防止地下水、泥水和壁后注浆浆液渗入盾壳后部，确保开挖面的稳定和盾构的正常掘进。由于盾尾密封装置随盾构机移动而向前滑动，当其配置不合理或受力后被磨损和撕拉损坏时，就会使密封失效，隧道涌水涌泥，从而造成开挖面失稳引起严重后果，因此，盾尾密封装置的耐久性、密封性能以及能安全方便地更换是盾构施工中一个特殊而重要的问题。

二、盾尾密封失效对策

(1)经常向密封刷注油脂。

(2)避免同步注浆浆液对钢丝刷的损害。

(3)具备气压保护下更换维修盾尾密封系统。

(4)管片应居中拼装，以防盾构与管片之间建筑空隙一边过分增大、一边过分减少，从而可能降低盾尾密封效果。

(5)严格按地下工程防水施工验收规范标准要求施工。

(6)及时对接缝嵌缝，封堵手孔。

(7)针对漏水、渗水、漏泥浆部位集中压注盾尾油脂。

(8)配制初凝时间较短的双液浆进行壁后注浆，压浆部位在盾尾后5～10环。

(9)对发生漏水、渗水、漏泥浆部位进行注浆堵漏达到允许标准，防止由此引起不均匀沉降。

第六节　软硬不均且差异性较大地层施工及对策

一、软硬不均且差异性较大地层施工

开挖断面地层均一性差，对盾构掘进方向的控制、掘进速度及盾构刀具的合理配置有一

定的难度，从而使盾构在该地层掘进产生一定的风险。

掘进中地层的多变性严重地影响机器的掘进速度和刀头的寿命。推力沿每环的变化，可以看到由土层到风化岩层变化时，推力在发生巨大瞬间变化。韩国 Busan 地铁在 Sooyoung 河下掘进，遇到盾构上半部介质为粉质黏土、砂，下半部为风化岩石的混合地层。从测试的总推力看，在完全土层中几乎在 10^4 kN 左右，而在混合的地层中推力在 2×10^4 kN 左右，几乎增加了 1 倍。由于地层介质的变化，使得刀头每间隔一定距离由于高度磨损变平需要更换。磨损的刀盘会引起机头(cutter head)因扭矩的增加而停止。在高硬度岩石中，特别是在混合介质情况下，刀头(disk cutter)磨损更加严重甚至磨成平的。

研究表明，当刀头在瞬间载荷作用下可以达到平均载荷的 10 倍左右，也许会产生"冻结承载"(frozen bearing)，引起停止旋转。

【案例】深圳地铁一期工程 2B 标段盾构工程(福民站—会展中心站)右线区间盾构推进过程中，其地层上软下硬，盾构刀具磨损严重，先后 9 次开仓换刀，至盾构到达接受井后，刀盘已严重磨损，无法修复。

二、软硬不均且差异性较大地层施工对策

(1)对工作面前方地层情况进行探测，及时了解前方岩层分布情况，从而设置合理的盾构推进方案。

(2)通过对复合式盾构机滚刀、齿刀互换组合不同的刀具配置形式，以满足该地层的掘进要求。

(3)根据地质勘察资料及所收集的掘进参数，选择合理的掘进参数进行施工。

(4)对应于围岩软硬部位控制盾构机各组油缸推力，采用硬岩区油缸推力大于软岩区油缸推力进行试推，同时测量相应的偏转量，以调整推进油缸的油压差，直到效果最佳。

(5)针对软硬地层差异调节同步注浆对应的注浆压力，使管片获得平衡的支撑，防止管片位移变形。

(6)加强人工测量，检核激光自动导向系统，盾构机姿态控制及隧道线型控制；使盾构机轴线、管片成型轴线偏差控制在隧道设计轴线允许偏差范围内。

第七节　较大的地层损失及不均匀沉降及对策

一、较大的地层损失及不均匀沉降

盾构在粉质黏土和粉细砂层等软弱地层中掘进，由于对同步注浆压力等参数控制不良或盾尾密封处理不当就有可能产生较大的地层损失及不均匀沉降。

例如，上海延安东路隧道南线隧道部分，开始时使用日方提供的浆液配合比配置浆液进行注浆，由于浆液配比不合适，隧道轴线上方的地面沉降量相当大，平均每环的当前沉降量达到 50 mm 左右，最大的甚至超过 100 mm。

广州地铁一号线黄沙站—公园前站共 4 个区间隧道采用 2 台泥水加压盾构施工：2 台盾构均从黄沙始发井出发，1 号盾构施工左线，2 号盾构施工右线但比 1 号盾构晚 2 个月出发，2 台盾构均穿过中间车站长寿路站、陈家祠站、西门口站、最后到达公园前站两端的拆卸井拆卸吊出。黄沙—陈家祠区段主要为砂层，隧道主要通过饱和砂层，部分地段通过软土层，工程地质条件差；陈家祠—西门口站区间隧道主要通过残积土层和基岩强风化带，部分地段通过中等

风化带，地质构造较复杂；西门口—公园前站区间隧道主要通过基岩强风化带，部分地段洞顶通过残积土层。2 号盾构机掘进至华贵路 130 号房下面时，地面沉降增大，导致 130 号和 132 号 2 幢 3 层砖木房倒塌。

这次事故有两方面的原因。客观原因是此处的地质条件复杂——隧道穿过的断面基本上是砂、黏土和强风化岩层各占 1/3，此处的黏土不是普通黏土，而是泥质粉砂岩、含砾砂岩的风化残积土，硬塑，手捏不动，此种黏土易堵塞刀盘面板进土口、排泥管出口和排泥泵之前的过滤箱，致使切削仓内泥水压力忽高忽低、泥压传感器失灵并降低掘进速度，引发隧道上部断面的粗、砾砂超量进入切削仓，积少成多，量变到质变，酿成坍房事故。主观原因在于施工人员思想麻痹和操作不当：事故发生前，1 号盾构机刚刚顺利穿越类似地层，致使从上到下思想放松，异常情况发生时，操作人员应对不当，如堵管处理不及时、频繁关停盾构机、时常空转以及接管、修泵时切削面压力维持不好等。

二、较大的地层损失及不均匀沉降施工对策

(1)在盾构机试掘进段，通过信息化施工积累盾构机掘进参数，使盾构机正常掘进时掘进参数达到最优化，并通过信息反馈对盾构泥水仓压力进行调整。

(2)加强盾构设备的保养与维修，避免盾构发生故障。

(3)严格盾构纠偏量等姿态控制，使盾构均衡匀速施工，减少泥水压力波动对地层的影响。

(4)通过同步注浆及时充填盾尾建筑空隙，严格同步注浆量、注浆压力和注浆质量的控制，减少施工过程土体变形。

(5)根据地表的变形情况和监测结果及时通过管片预留注浆孔进行二次注浆。

(6)若地面沉降过大，二次注浆改为双液浆。

(7)做好盾尾油脂的压注，确保盾尾密封效果。

(8)制定监控量测方案，施工中加强对周围道路、管线和邻近建筑物的监测，并及时反馈信息，据此调整和优化施工技术参数，做到信息化施工。

(9)事先在需要保护的关键建筑物四周布置跟踪注浆监测孔，盾构穿越时根据监控量测结果，必要时通过跟踪注浆孔进行跟踪注浆。

第八节 开挖面有障碍物及对策

一、开挖面有障碍物

由于地下工程地质条件的复杂性及地质勘探的局限性，隧道穿越的地层不可能一一查明，盾构推进工作面前方可能会出现各类障碍物，如废弃钢筋混凝土桩、旧桥台、人防工事等，造成盾构机较大破损甚至无法正常推进。

例如，南京地铁一期工程 TA15 标盾构许府巷—玄武门区间在推进过程中，发现了未经探明的废弃的房屋基础桩，对盾构机刀具造成一定的损害。

二、开挖面有障碍物的施工对策

(1)对开挖面前方 20 m 实行超声波障碍物探测，及时查出大石块、废桩等；附设从密封舱隔板中向工作面延伸的钻机，对障碍物破除。

(2)设气压进出闸门，局部气压下进入密封舱排障，对刀盘维修。

(3)设置石块破碎机，将块石破碎到粒径 10 mm 以下，以便泥浆泵排出。渣土分离排放系统满足泥水处理及环保要求。

第九节 隧道上浮及对策

一、隧道上浮

泥水盾构在建立泥水压力开始正常掘进时，具有一定压力的泥水会从开挖面沿着盾壳窜至盾尾，甚至窜到已建成的隧道衬砌外。实际施工发现，泥水会从开挖面沿着盾壳窜至盾尾后约 30 m 处，已建成的隧道就会处于泥水的包裹中而产生上浮的风险，同时，浆液参数及配比的适应与否，也会使盾构隧道产生上浮的风险。

上海延安东路隧道南线隧道部分，开始时使用日方提供的浆液配合比配置浆液进行注浆，虽然每环壁后注浆量为建筑空隙的 100%～250%，已建隧道的轴线上浮量达到 80 mm，后经对浆液配比进行调整，隧道才不再上浮；上海大连路隧道为防止隧道上浮，曾每隔 10 m 在隧道外周利用双液浆打环箍；南京地铁一期工程某盾构隧道也曾因注浆而使隧道不同程度的有 3～5 cm 的上浮。

二、防止隧道上浮对策

(1)施工期间严格控制隧道轴线，使盾构尽量沿着设计轴线推进，每环均匀纠偏，减少对土体的扰动。

(2)同步注浆采用水硬性浆，注入量一般为盾构和管片外径之间建筑空隙的 200%～250%，实际注入量要根据施工过程中地表沉降观测的监测资料进行调整，同步注浆的注入速度必须与盾构的实际掘进速度相匹配，避免注入过多导致浆液前窜或地面隆起，或注入量过少导致泥水后窜，隧道上浮甚至地面产生沉降。

(3)为防止正面泥水后窜至盾尾，造成成环隧道上浮，应每隔 10 m 在隧道外周利用双液浆打环箍，必要时采用聚氨酯浆液。

(4)当发现隧道上浮量较大，且波及范围较远时应立即采取对已建隧道进行补压浆措施，割断泥水继续流失的途径。补压浆要均匀，压浆后浆液成环状，补压浆采用双液浆与聚氨酯浆液相结合的注浆方法，注浆范围为 5～10 环。

(5)加强隧道纵向变形的监测，并根据监测的结果进行针对性的注浆纠正，如调整注浆部位及注浆量，配置快凝及提高早期强度的浆液。

(6)为正确观测隧道纵向变形，消除潮汐对隧道的影响，正确判断隧道是否稳定，采用连通管进行纵向变形监测。

第十节 联络通道施工及对策

一、联络通道施工

隧道联络通道施工选择合理的地层加固方案和施工方案，意义重大，稍有不慎，就有可能酿成严重后果。例如，上海轨道交通四号线联络通道事故就给人们留下了深刻的教训(事故案例见第十二节相关内容)。

二、联络通道施工风险对策

(1)根据联络通道所处地层的特性及水文地质条件，宜采用冻结法或注浆法加固地层，在确保加固效果良好的前提下，打开管片进行联络通道施工。

(2)加强施工管理，严格按照冻结法或注浆加固地层的程序进行施工，在保证强度的情况下才能进行。

(3)在旁通道两侧设置防护门，一旦出现管涌，及时用砂袋等进行封堵，如封堵无效，封闭防护门，并对内注水或注浆充填，避免更大事故的发生。

(4)为减小冻胀对隧道及地层的影响，在对侧隧道管片内侧敷设冷冻管和保温层，减小冻结孔与对侧隧道管片的距离；并采用小开孔距、较低盐水温度、较大盐水流量等措施，以加快冻结速度，并在适当部位布设卸压孔，以减小土层冻胀对隧道的影响。

(5)通过测温孔和泄压孔，监测冻土帷幕的形成过程和形成状况，特别监测冻土帷幕与对面隧道管片的胶结情况。

(6)根据联络通道冻结孔施工的成功经验，用金刚石取芯钻开孔，跟管钻进法下冻结管。冻结孔开孔前，在布孔范围内打若干小孔径钻孔，探测地层稳定情况；如发现有严重漏水冒砂现象，先进行水泥-水玻璃双液壁后注浆或采用化学浆液，以提高孔口附近地层稳定性，然后再钻进冻结孔。

(7)加强冻结过程检测。在冻土帷幕内布置测温孔和压力释放的观测孔，以便正确判断冻土帷幕是否交圈和测定冻土帷幕厚度。对侧隧道管片附近土层的冻结情况将成为控制整个冻土帷幕安全的关键，为此，在对侧隧道管片上沿冻土帷幕四周安装测温孔，以全面监测冻土帷幕的形成过程。

(8)由于联络通道的开挖和支护施工时间很短，比冻土帷幕的化冻时间要短得多，根据矿山井筒冻结工程实践，偶然停冻对井挖安全不会产生大的影响；但是，为了进一步提高施工安全性，还将采取以下措施：选用可靠的冻结施工机械；安装足够的备用设备；加强停冻时的冻土帷幕监测；尽快施工衬砌，必要时用堆土法密闭开挖工作面。

(9)在整个施工过程中，严密监测隧道变形，确保隧道安全。在冻土帷幕关键部位，多布置测温孔，监测冻土帷幕的形成过程和形成状况。

(10)为尽快消除融沉对横通道结构影响，可利用冻结孔对称间隔人工解冻，有序分批进行，在解冻区进行注浆。解冻和注浆过程中，不间断检测通道及地表变形情况。

第十一节　盾构始发和接收井明挖基坑失稳的风险及对策

一、明挖基坑失稳的风险

基坑稳定性破坏往往具有突发性、灾难性的特点，且难以补救。基坑失稳的主要形式有整体失稳破坏、承载力不足导致的破坏、基底滑动破坏、基底潜蚀与管涌、渗流、支挡结构破坏、被动土压区被动土压力丧失等。在施工过程中发生事故的主要原因有施工方法不当、施工质量欠佳及对施工风险认识不足。

二、明挖基坑失稳的风险对策

1. 做好基坑降水

降水施工应遵循围护结构施工先行完成后再降水，降水随开挖区域安排分区进行，降深随开挖深度分段到位的原则加强降水管理。井点的抽水工作安排专门班组负责，昼夜值班，确保降水工作的持续进行。

2. 土方开挖与支护措施

当基坑开挖前的准备工作已经就绪，地下连续墙混凝土已经达到要求强度，基坑土体加固，降水已经达到预期效果，基坑才可正式按照施工设计开挖。

在开挖过程中严格按照“时空效应”理论，掌握好“分层、分步、对称、平衡、限时”5个要点，遵循“竖向分层、纵向分区分段、先支后挖”的施工原则。

钢管横撑的设置时间必须严格按设计工况条件掌握，土方开挖时应分段分层，严格控制安装横撑所需的基坑开挖深度。

所有支撑连接处，均应垫紧贴密，防止钢管支撑偏心受压。

端头斜撑处钢围檩及斜撑支座，必须严格按设计尺寸和角度加工焊接、安装，保证支撑为轴心受力。内支撑体系拆除时应避免瞬间预加应力释放过大而导致结构局部变形、开裂；利用主体结构换撑时，主体结构的楼板或底板混凝土强度应达到设计强度。

基坑开挖过程中要防止挖土机械碰撞支撑体系，特别是竖向支撑，以防支撑失稳，造成事故。施工时加强监测，对基坑回弹导致竖向支撑位移而产生的横向支撑竖向挠曲变形在接近允许值时，必须及时松弛横梁，释放横向支撑的竖向应力，保证钢支撑受力稳定，确保基坑安全。圈梁施工时预埋铁环，第一道支撑架设完成后用钢丝绳将其端部与预埋铁环连接，防止第一道钢支撑移动脱落。

3. 基坑开挖过程中地连墙或钻孔灌注桩围护结构渗漏处理措施

在基坑开挖过程中，若发现地连墙、钻孔灌注桩围护结构以及其接缝处有渗漏水现象，要及时进行封堵，具体方法可根据渗漏情况采用不同方法进行处理。对渗漏较为严重，出现线流甚至夹砂等现象的，可以在地连墙或钻孔灌注桩围护结构渗水处的基坑外侧即迎土面采用压密注浆（双液注浆）进行堵漏，在地墙外侧形成一道止水帷幕；同时基坑内侧对渗漏处可采用引流措施，并涂刷聚合物或水泥基渗透结晶防水涂料。

对于轻微渗漏水的，则可采取直接在基坑内渗漏处进行引流、压注化学浆液如聚氨脂等进行防渗堵漏。

4. 加强监控量测，实现信息化施工

施工过程中应建立严格的监测网，对施工全过程进行监测监控，以达到确保安全、指导施工、积累资料、改进设计的目的。

施工监测项目包括围护结构水平位移、顶部沉降、坑周地表沉降、地下水位、钢支撑轴力、立柱隆沉、周围建筑物沉降和倾斜、周围地下管线位移、地下墙内力、坑外土压力等。发现情况异常，及时报警，据此采取相应施工措施如复加轴力、跟踪注浆等，施工过程实现信息化施工管理，确保基坑的稳定与安全。

第十二节　国内盾构隧道施工事故案例

下面列举上海和广州地铁的部分案例。

一、上　　海

（一）上海地基土层概述

上海地处长江三角洲冲积平原，第四纪松散堆积物厚达300 m左右。75 m以上浅土层有3个海相软土层，含水量高、孔隙比大、压缩性高。上海地区地下水埋深在1 m范围内，微承压含水层承压水头一般距地表 3～6 m，深层承压水头一般距地表 6～11 m，深可达 25 m 左右。

（二）地下工程施工

（1）施工时盾构一般在深度 10～25 m 掘进。该深度范围土层属高塑性、高灵敏度的饱和软土，蠕变量大，易产生流砂、管涌、坍塌等地质灾害。

（2）车站底板埋深约在 13～18 m，个别车站埋深达 30 m，基坑支护支撑十分重要。

（三）事故案例分析

1. 上海轨道交通 4 号线事故情况

2003 年 7 月 1 日凌晨，上海轨道交通 4 号线在越江隧道区间连接上下行线的安全联络通道施工作业面内（〈7－1〉层粉性土、粉砂），因大量水及流砂涌入，引起坍塌事故。造成 3 栋建筑物严重倾斜，黄浦江防汛墙局部围堰塌陷并引起管涌，由于报警及时，没有造成伤亡；直接经济损失初步估算为 1.5 亿元，原地修复需要 7 亿元。图 4-8 为事故现场。

图 4-8 上海轨道交通 4 号线联络通道事故

2. 事故原因分析

（1）设计因素

调整后的冻结方案降低了对冻土平均温度的要求，从原方案的－10 ℃减少到－8 ℃；旁通道处垂直冻结管数量减少，从原方案的 24 根减少到 22 根；原先为 25 m 深的 7 根垂直冻结管，其中 4 根被缩短到 14.25 m，3 根被缩短到 16 m，造成旁通道与下行线隧道腰线以下交会部冻土薄弱，导致冻结效果不足以抵御相应部位的水土压力。

这份未按程序审定、存在诸多缺陷的方案调整，增加了事故发生的必然性。施工方案决策欠慎重，施工组织设计不周全，对施工中各种工况下冻土结构的受力分析和计算不完善。

（2）施工因素

2003 年 6 月 28 日上午隧道下行线小型制冷机发生故障，停止供冷 7.5 h（只有 1 台制冷机）。施工人员在下行线隧道内安装水文观测孔，发现一直有压力水漏出，尽管采取了用木板封堵掘进面等一定措施，但效果不佳。

29 日凌晨，水阀处测出的水压接近外部第 7 层承压水水压。险情初露征兆，但现场没有任何人将这一情况向总承包及监理公司汇报，导致险情逐步加剧。

在此危险情况下，7 月 1 日零时许，中煤上海分公司项目某经理在明知通道冻土结构存在严重隐患、工程已停工的情况下，竟擅自指挥当班班长，执意安排施工人员拆除冻土前掘进面部分封板，用风镐凿出直径 0.2 m 的孔洞，准备安装混凝土输送管。但水砂从此孔洞及掘进面的右下角和侧墙不断涌出，以致封堵无效，最终酿成事故。

(3)管理因素

虽然新的冻结方案经过施工方总工程师批准，但没有按程序规定，正式送交工程总承包方审批、工程监理公司审定；而作为总承包公司和监理公司，有关当事人明知施工方案被调整，却没有履行职责要求施工方报送调整后的施工方案，更没有编制相应调整的施工组织设计。总包单位现场管理失控，监理单位现场监理失职。

二、广　　州

(一)地形地貌

广州地处珠江三角洲冲积平原，以稠密的河网与平原中的残丘为主。

(二)工程地质

广州地质构造复杂，岩层较为破碎，断层较多。各类基岩自稳性较强，但强风化岩带和破碎带强度降低，自稳性较差。地表主要为残积土层、冲洪积粉土、粉质黏土及淤泥质砂土等，呈流塑-软塑状，砂层和淤泥层自稳能力低，为不良地层。

(三)地质灾害

易产生隧道塌方、突水、突泥、涌砂，基坑边坡失稳和突涌。

(四)工程施工

广州珠江三角洲软土和硬土混杂，施工技术从软土层施工到硬岩层施工再到软硬间杂土层施工，使用复合地质的土压平衡盾构机及矿山法结合施工。

(五)事故案例分析

1. 盾构施工中开挖面的失稳

广州地铁 3 号线某平行双洞盾构隧道区间，隧道内径 5.4 m，采用 2 台土压平衡式盾构机分左右线掘进施工，隧道衬砌采用直径 6 m 的预制钢筋混凝土管片。隧道最小覆土厚度 6 m，最大覆土厚度 27 m。区间地质情况：人工填土、淤泥质土、粉质黏土、淤泥质黏土、泥质砂岩。左线盾构机掘进到 180 环，掘进速度极其缓慢，基本保持 2～8 mm/min，出土量非常大，3d 完成该环推进后发生地表塌陷，沉陷范围大约为长 5 m，宽 5 m，深 0.6 m。尽管盾构机推进速度非常缓慢，但盾构机刀盘仍然处于转动状态，刀盘扭矩没有减小，而且千斤顶推力在 180 环推进中明显偏大。盾构推进参数见表 4-1。

表 4-1　盾构掘进参数

环号	千斤顶推力(kN)	刀盘扭矩(kN·m)	刀盘转速(r/min)	掘进速度(mm/min)
175	1 145	2 241	1.39	5
176	11 008	2 425	1.44	12
177	10 577	2 156	1.39	6
178	9 586	2 926	1.42	22
179	9 878	2 584	1.45	6
180	13 120	2 427	1.36	3

事故发生后，对开挖面前方 3 m 进行地层补充钻探，钻孔芯样及初探地质报告表明隧道拱顶以上覆土情况为地表土(1.0～1.5 m)，淤泥或淤泥质土、砂层(1.0～3.0 m)，冲－洪积

中、细含水砂层(4.0～8.0 m)，全风化泥岩层(1.0 m)。隧道上覆土缺失，黏土隔水层、残积黏土隔水层。

根据现场渣土土质分析，含砂量已经达到47%以上，推测盾构机已经在砂层、全风化泥岩及强风化泥岩多层地基中掘进。

通过数值计算，开挖面发生坍塌原因归结为：①开挖面上部软土地层受到开挖面支护压力不足是发生开挖面失稳的主要原因；②由推进速度及千斤顶推力可知，开挖面底部硬质土层为开挖带来困难，导致盾构机掘进速度缓慢，为局部失稳地层变形的不断发展创造了条件。

2. 泥水式盾构刀盘开裂和解体事故

(1)事故概况

盾构机依靠刀盘开挖土体，刀盘失效将导致盾构工程陷于停顿，因此，盾构制造商都会将刀盘设计成盾构机上结构刚度最强的构件。尽管施工中的刀盘磨损事故偶有发生，但在江底施工的盾构刀盘严重损坏却未见文献记载。2005 年，广州某盾构工程(以下简称 A 工程)正在珠江底施工的 2 台盾构机分别发生严重的刀盘开裂和解体事故，其中 1 个刀盘近 1/3 结构性解体——1 根辐条及其旁边的 2 块辐板折断并脱落。

A 工程为平行双隧道工程，分为 A1、A2 两个区间，两次过珠江水系，其平面图见图 4-9。该工程采用 2 台泥水盾构(分别为 T1 和 T2 号)，两机基本同时进行施工。刀盘形状为轮辐挡板平面直角式，采用中间式支撑(大齿轮外直径约为 3.15 m)，6 个支撑腿(牛腿)，外径 6 280 mm，厚 493 mm，开口率 26%，全重约 28 t。

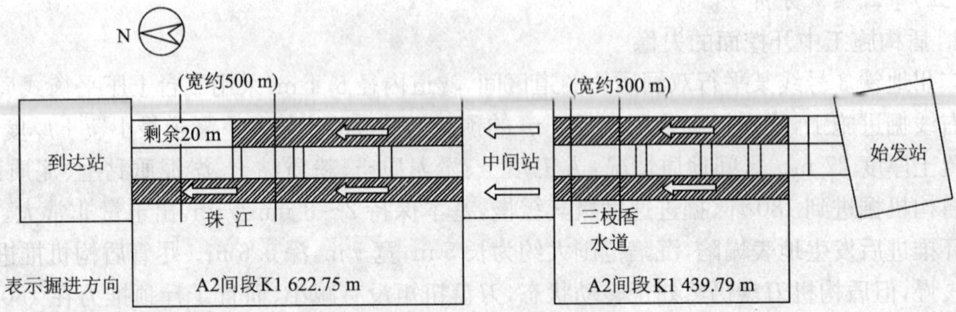

图 4-9 工程平面图

该刀盘的特点是：中间 4 个较大开口，最大尺寸为 450 mm×700 mm；刀盘周边设置 3 个大型的搅动棒；刀具分为先行刀和齿刀。先行刀按照高度分为 140 mm 和 90 mm 2 个层次，齿刀高 60 mm。

T2 号盾构刀盘解体事故发生于南珠江主航道底下，刀盘里程 11＋877.739。该处隧道拱顶埋深 13 m，水深 8～9.5 m，属侵蚀河谷地貌。隧道通过地段为强风化泥质粉砂岩、中风化泥质粉砂岩，局部为全风化层。岩层极限抗压强度不超过 30 MPa，岩面裂隙发育但整体仍算完整，无断裂破碎构造。隧道上覆地层为硬塑粉质黏土、饱和中粗砂及淤泥质沙。砂层富水性强，基岩裂隙水与江水联系较密切。事故处地质剖面见图 4-10。

2005 年 5 月 31 日，T1 号盾构顺利贯通累计 3 000 m 的隧道；T2 号盾构还剩 390 m，此时正处于珠江主航道底。当日夜班，刀盘扭矩突然攀升并造成机器自锁，操控人员反复正反转动刀盘未果，在反复启动过程中听到土仓内有异响。

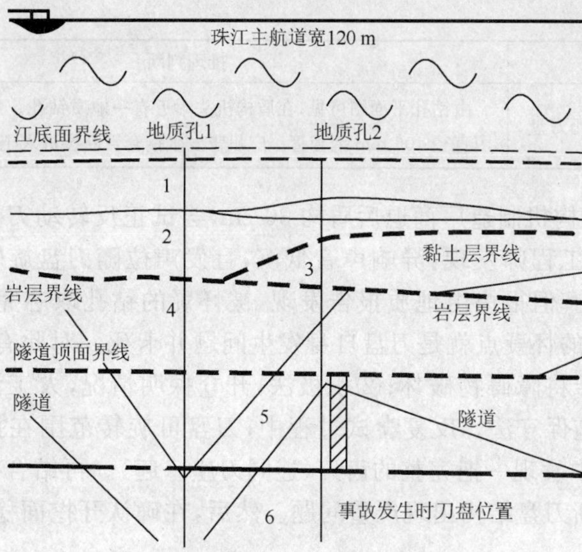

图 4-10　事故处地质剖面简图

1—淤泥质沙；2—饱和中粗沙；3—硬塑粉质黏土；4—全风化层；5—强风化泥质粉砂岩；6—中风化泥质粉砂岩

进入土仓（进仓）直接观察刀盘本体是最直接的故障判断方法，但珠江下开挖面不稳定时此举具有安全风险。也可首先在不开仓情况下通过尝试转动刀盘进行判断，但转动刀盘可能会进一步损坏刀盘。既要控制风险，防止进一步损坏机器，又要有效判断和处置。对此，一般程序为：先进行机内判断，如未果，再实施高风险的入仓作业。刀盘无法转动的原因可分为内因（表 4-2 中的 1）和外因（表 4-2 中的 2～6）：内因即驱动系统故障；外因为硬物卡死刀盘。事故原因须用排除法逐一推断。

表 4-2　刀盘无法转动故障判断推理表

序号	可能原因	推 理 判 断	判断结果
1	驱动系统问题	该盾构为液压驱动，初步推断可能是油马达的齿牙脱落卡死大齿圈。如广州地铁 1 号线采用内齿圈大齿轮的土压盾构，在工程最后阶段油马达齿牙脱落并卡死大齿圈。T2 号盾构为外齿圈大齿轮，油达齿轮牙脱落后卡死大齿轮圈的可能性相对较小。另外，液压油油样检验合格	排除
2	刀具脱落卡死刀盘	本刀盘采用了 3 根大型动搅动棒，其与土仓壳体间隙为 100 mm，脱落的刀具可能卡刀盘，但可通过正反转刀盘使卡死的刀具松动。一旦刀具跌落到土仓底部排泥口，可由排泥管排出。类似情况已经多次遇到	排除
3	边缘刀具严重损坏	事故发生前各参数稳定，甚至在事故前一刻，仍然保持了 1 cm/min 的掘进速度	排除
4	原地层过于坚硬	根据事故处地质情况和掘进情况，以盾构 6 327 kN · m 的脱困扭矩和先行刀具配置足以应对。事故发生前扭矩一直平稳，且相邻的 T1 号盾构已顺利通过该地层	排除
5	其他基础工程	事故地处 512 m 宽的珠江主航道的中心。此处有其他地基加固或桩基的可能性不大。经与航道局核实，无任何该类工程	排除

续上表

序号	可能原因	推理判断	判断结果
6	高强度的钢构件卡死刀盘	由钻孔平面图可见，在盾构机头附近有一地质钻孔。地质钻一般采用直径 108 mm 钢套管。广州曾发生钢套管断裂进入土仓事故	怀疑

为判断原因 6，盾构机制造厂商退后盾构 30 cm，尝试正反转动刀盘。此时站在齿轮仓后聆听的盾构机厂商工程师发现：异响声音低沉，且发声位随刀盘旋转而变化。为此初步断定事故为钻杆所致。但很快由地质报告发现，被怀疑的钻孔取芯完整，故钻杆导致故障的可能性排除。最后的怀疑点就是刀盘自身发生问题并卡死。对此有 2 种处理方法：①保守法，用刀盘左右旋转将障碍物破坏；②积极法，开仓探明情况，人工清除障碍物。考虑江底开仓的风险，先实施保守法。反复尝试过程中，刀盘可旋转范围在扩大。这种尝试持续了近 12 h，直至排土中发现一把完整的齿刀（连同刀座一起）。再结合排浆中发现大量类似被刨下的铁屑，故判断刀盘结构出现严重问题。然后，在确认开挖面稳定前提下，立即实施开仓作业。

开仓检查发现：盾构刀盘 4 号与 6 号辐条之间除牛腿外其余部分几乎全部缺失，土仓内堆积了大量刀盘构件残骸；土仓胴体变形外卷：10～2 点范围最大变形达 10 cm，8～10 点位置外卷达到 12 cm，6 点位置外卷达到 4.5 cm。几乎同时，刚刚完成掘进的 T1 号机也被发现刀盘边缘多处出现贯穿裂缝，T1 刀盘接近解体状态。2 台盾构类似的问题使事故原因明朗化，即刀盘首先在边缘开裂并变形直至解体，最终刀盘被解体的构件卡死。

(2)刀盘解体原因分析

①结构设计

刀盘在切削土体的过程中处于三维应力状态中，其传力过程为：岩土层—刀具—刀盘钢构件—牛腿—盾构驱动系统。在复杂的三维应力状态下，应避免应力集中；为此，刀盘的结构设计应满足：受力关键部件的辐条应连续贯穿整个刀盘；在辐条和辐板间增加加劲肋板，这些肋板应闭合成加劲圆箍；应为中心对称结构。但为了满足切削掘进功能，刀具布置和开口率等因素又造成刀盘结构不对称。如何在结构强度和使用功效间寻找平衡点是刀盘设计的一个关键点。然而，本刀盘为了避免中心结泥饼，开了 4 个较大开口；且 4 个口两两对称，对结构不利：(a)使得 2 号和 5 号辐条不连续，好比一条梁一分为二，成为两条独脚梁，且独脚梁的脚（支撑架）不在独脚梁中间，而是偏于一隅；(b)支撑面板的内圈和加劲肋板不在一个闭合圆上，没有形成中心对称结构，刀盘整体受力不均衡；(c)大型搅动搅动棒的面板受力大，5 号辐条两边的面板一个有搅动棒，一个没有，5 号辐条受力不均衡。盾构厂商所作有限元分析结果中可见应力集中引起的应变：2 号和 5 号辐条外圈与面板连接部位为应力最大处，也是开裂处（前面荷重 0.8N/ mm^2）。T1 刀盘开裂正是在这些区域。

②刀盘钢结构制造质量

本刀盘为国内制造，在钢号选择时有一个换算问题。根据一般惯例，日本设计选用 SS400，对应套用国内的 Q235，但其强度指标略有差异；然而，日本的结构计算富裕度都较小，因此，钢材细微的差异不容忽视（见表 4-3）。本盾构的选材厚度为面板厚 40 mm，加劲肋板和外圈钢板为 70 mm（厚）×250 mm。而欧洲某土压盾构厚度为 120 mm。此外，在掘进施工中，多次发现刀盘的焊接质量问题如刀具的漏焊、虚焊，以及刀盘钢结构的焊缝开裂等。钢材标号的降低及令人堪忧的焊接质量，进一步削弱了刀盘的性能。

表 4-3　中日钢号对比

国家	标准号	牌号	屈服强度/MPa	极限抗拉强度/MPa
中国	GB 700 GB/T 1591 GB 712	Q235A/B Q295/Q345 A、B级船板	235 295/345 235	375～500 470～630
	GB 6654 GB 3273	16Mn R16MnL	305～345 345～355	1≤16,510～600;16<t≤25;490～640; 25<t≤36,470～62036<t≤50,470～620; 50<t≤100,470～620
日本	J IS 3101	SS400	Z45	400～510
	J ISG 3125 J ISG 3135	SM490A	—	490～610

③地质因素

A 工程的黏土类地层占 70%以上,其中的粉砂质泥岩大多为膨润土矿物的集合,黏土矿物含量超过 60%。微风化、中风化的原状岩石强度可达 30 MPa,其软化系数和弹性模量较小,在水环境下易软化、易变形、不易挤压碎裂,多被刀具辗磨成粉末。土仓内泥浆水温大多数情况下超过 50 ℃,又促使这类矿物吸水膨胀并显示出很强的黏结性,黏结于刀盘中部和土仓内除搅动棒涉足的以外位置,形成泥饼;土仓的可供进土储有量仅剩下实际容积的 1/2,甚至更少,其后果是增加了盾构掘进的荷载。推进中,盾构荷载常处于 1 500 kN 以上;在中风化泥岩中常处于 2 000 kN,甚至到 3 000 kN 以上。

④施工控制

a. 泥水参数控制不到位

在以前的多次开仓中发现土仓内泥饼严重,证明泥浆参数选择有待改进。

b. 刀具改装不当

为减轻刀具磨损,土建承包商在刀盘的某些区域内采用了多把刀密集重复安装。刀具过密会造成辐条受力不均并使应力集中,积聚泥饼;泥饼反之又加剧了刀盘受力不均。

c. 原计划过江前的盾构检修未实施

广州地铁多次穿越珠江水系,其成功经验之一为过江前全面检修盾构,包括开仓检查刀盘。T2 盾构因为 T1 盾构(过江前实施了检修)已成功越江而没有进行检查,错过了在岸上发现事故隐患的机会。

第五章　明挖车站(区间)施工安全

暗挖车站(区间)施工与铁路隧道暗挖施工工艺相近，其施工安全可以参考铁路隧道施工安全的相关章节。此处仅介绍明挖车站(区间)施工安全的相关知识。

隧道基坑必须保持地下水位稳定在基底 0.5 m 以下，需要降水时，应按照规范《建筑基坑支护技术规程》(JGJ 120—99)有关规定执行。隧道基坑土石方需要爆破时，必须事先编制爆破方案，报城市主管部门批准。经公安部门同意后方可实施。隧道应分段施工，完成一段及时回填。

第一节　管线处理

隧道基坑开挖范围内各种管线，施工前应调查清楚，经有关单位同意后方可确定拆迁、改移或采取悬吊措施。下面对其安全要点作简要介绍。

(1)基坑管线悬吊必须事先设计，其支撑结构强度和稳定性等应进行验算。

(2)管道漏水(气)时，必须修理好后方可悬吊。如跨基坑的管道较长或接口有断裂危险时，应更换钢管后悬吊或直接架设在钢梁上。

(3)悬吊或架设管道的钢梁，连接应牢固。吊杆或钢梁与管底应密贴并保持管道原有坡度。

(4)管线应在其下方的原状土开挖前吊挂牢固，经检查合格后，用人工开挖其下部土方。

【案例】2005 年 11 月 3 日，广州地铁 4 号线新造站右线隧道内，一侧隧道壁上的电缆组突然坠落，砸中下方多名施工工人。2 名工人死亡，另有 1 人重伤。

(5)种类不同的管线，宜单独悬吊或架设，如同时悬吊或架设时，应取得有关单位同意并采取可靠措施。

(6)跨越基坑的便桥上不得设置管道悬吊，利用便桥墩台作悬吊支撑结构时，悬吊梁应独立设置，并不得与桥梁或桥面系统发生联系。

(7)支护桩或地下连续墙支护的基坑，可利用支护桩或地下连续墙做钢梁或钢丝绳悬吊的支撑结构，但必须稳固可靠。放坡开挖基坑的钢梁支撑墩柱或钢丝绳悬吊的锚桩，锚固端应置于边坡滑动土体以外并经计算确定。基坑较宽而中间增加支撑柱时，梁、柱连接应牢固。

(8)跨越基坑的悬吊管线两端应伸出基坑边缘外距离不小于 1.5 m，其附近基坑应加强支护，并采取防止地面水流入基坑的措施。

【案例】2006 年 1 月 3 日，北京东三环路京广桥东南角辅路污水管线发生漏水事故，污水灌入地铁 10 号线施工区间段，导致三环路南向北方向部分主辅路塌陷。

【案例】2007 年 5 月 4 日，北京地铁 10 号线燕莎桥东北角地下一处直径 600 mm 的自来水管线断裂，涌出的水迅速淹没了整个燕莎桥路口。

(9)隧道土方及其他工序施工时，不得碰撞管道悬吊系统和利用其做起重架、脚手架或模板支撑等。

(10)基坑悬吊两端应设防护,行人不得通行。基坑两侧正在运行的地下管线应设标志,并不得在其上堆土或放材料、机械等,也不得修建临时设施。

(11)基坑回填土前,悬吊管线下应砌筑支墩加固,并按设计要求恢复管线和回填土。

(12)应做好管线的保护工作,避免损坏。

【案例】2004 年 9 月 25 日,广州地铁 2 号线延长段琶洲塔至琶洲区间工地一辆运泥重型车把自来水管压断,引起大量涌水,造成工地塌方 400 余平方米。

第二节　基坑施工

一、地铁基坑工程的风险源

地铁基坑工程应考虑如下危险源。

(1)无施工资质或越级承包基坑工程

建筑市场中存在一批村镇农民施工队。

(2)施工质量差

①止水帷幕存在缺损(如空洞、蜂窝、开叉等)、在地下水的作用下,水携带淤泥质土、松砂、粉土等细粒土从基坑以上的支护结构的背部流入基坑内,使基坑周围水土流失,造成相邻建筑物开裂、倾斜,相邻道路开裂、塌陷,基坑水满为患,坑壁坍塌。

②钢筋混凝土支护桩桩体强度严重不足,或严重缩颈,甚至断桩,造成支护桩变形,基坑倒塌。钢筋混凝土支护桩纵向钢筋位置布错。地下钢筋混凝土连续墙的钢筋不连续,墙体有蜂窝、露筋等现象,甚至出现空洞。

③锚固体中水泥石质量差,既影响握裹力又影响摩阻力。当基坑开挖后,前者可造成锚筋脱离水泥石而拔出,后者则造成整个锚固体松动而拔出。锚具中锚片硬度不足,产生滑脱,导致基坑失稳。锚杆,或土钉的长度达不到设计长度,倾角与原设计出入较大,使锚杆(或土钉)的实际承载力达不到设计能力,基坑产生较大变形。

④井字形支撑,支撑长度较长,且其交叉点的连接强度不足,造成支撑平面失稳或扭曲。中间支柱较少,且支撑长度较长,连结不牢固,造成支撑平面失稳或扭曲。各支撑杆件位置的精确度差,受力后杆件弯曲,相当于给其增加了附加弯矩,超出设计值,造成险情。钢管支撑中,部分用旧钢管、再生钢管及薄壁钢管来代替,造成局部变形过大,从而牵连整个支撑体系。钢管支撑中,细部焊接质量不过关,发生焊缝拉裂。钢筋混凝土支撑中,因混凝土质量差而造成杆件被压坏。钢支撑未按要求施加预应力,或预应力偏小,造成支护桩(墙)变形过大。

⑤设置支柱时,轴线偏差过大,造成偏心受压。

⑥焊接牛腿等构件时,由于未清理干净支柱上的杂物(如泥、锈等),使得焊接质量低劣。

(3)没有严格遵守施工规程

①挖土机械停在基坑支护结构附近反铲挖土,使支护结构所承受的荷载大大增加,并且有较大的动荷载出现,大大超出了设计计算的安全储备。造成支护结构大变形。

②基坑开挖过程中,挖土机械随意碰撞支撑系统、锚杆系统及支护桩墙,造成不应有的损失(支撑破坏,锚头掉落,桩身撞伤等)。基坑开挖不符合规程:基坑挖土应分层进行,高差不宜过大。对软土地区的基坑开挖,则高差不宜超过 lm。进行薄层开挖是维持软土地区基坑稳定的一项重要措施。但是,一些施工单位挖土速度快,且高差过大,迅速改变了原来土体的平衡状态,降低了土体的抗剪强度,软土产生较大的水平位移,造成基坑滑坡。另一种情况是基坑

开挖深度超过设计标高，造成险情。

③基坑底面暴露时间过长。基坑开挖后，地基卸载，土体中自重压力减少，土体的弹性效应将使基坑底面产生一定的回弹变形(隆起)。如果基坑底面暴露时间过长，加之基坑积水，使得黏性土吸水体积增大，抗剪强度降低，回弹变形增大。

④基坑放坡开挖时坡角过陡。放坡开挖是基坑开挖常用的一种形式，适用于硬质黏土、可塑性黏土和良好砂类土。均质砂类土基坑开挖时，其坡角应小于内摩擦角。黏性土基坑开挖时，其边坡稳定性取决于抗滑移计算。同时，基坑放坡开挖时，地下水位需降低到基坑底面以下。但是，一些施工单位常常抱有侥幸心理，违反规定，使得坡角过陡，基坑边坡失稳。

⑤桩位移及倾斜。先打桩后挖土的基坑工程，由于打桩的挤土和动力波作用，使原处于静平衡状态的地基土遭到破坏。对粉细砂可能会形成砂土液化，地下水大量上升到地表面，地基土强度大大折减。对饱和黏性土，由于挤土压力，产生很大的超静孔隙水压力，土体的抗剪强度迅速降低。如果打桩后紧接着开挖基坑，由于开挖时的应力释放，再加上挖土高差形成一侧卸载和水平推力，土体极易产生水平位移，从而使原先打入的桩产生位移和倾斜。

⑥支撑系统施工最主要的措施是围檩与挡土桩墙紧密结合，如果施工误差较大，则必须在围檩背后填实或加支撑柱，否则，支护结构会产生较大的变形。在支撑端部与围檩连接处未用混凝土或树脂砂浆等填实，或连接处的型钢围檩未按设计要求焊接肋板，导致围檩被压坏、扭曲，或翼缘局部失稳。支撑结构的安装未遵守先撑后挖的原则，而是先挖后撑。另外，为了施工方便，挖土至一定深度未及时加撑等，而造成支护结构大变形，甚至局部塌方或整体失稳。

【案例】2004年3月17日，广州地铁3号线大石车站发生一起塌方事故，造成1人死亡。

⑦锚杆作业成孔后，附于孔壁上的土屑、松散泥土未清除干净，降低了锚杆的抗拔力。锚杆水作业成孔时，由于未采用二重管成孔、未使用止水装置，或未采用降水措施而过分洗孔，造成地下水从孔口喷出的同时，携带出大量的土粒，使得挡土桩墙背后水土流失，地面沉降。未经验算，擅自用断面较小的工字钢代替原来大截面钢腰梁，由于两者惯性矩相差过大，造成锚杆失效。焊接火花溅落在锚筋上，造成焊接缺陷，锚筋被拉断。

⑧水灰比不符合要求。一般来说，纯水泥浆的水灰比为0.4～0.45，水泥砂浆(灰砂比为1∶1～1∶2)的水灰比为0.38～0.45。一些施工单位对锚杆注浆的水灰比不重视，调配时不称量，由一些非技术工人(甚至是民工)随意估量，使得水灰比与标准相差过大。水灰比太小时，可注性差，易堵管，影响注浆作业的正常进行；水灰比太大时，浆液易离析，注浆体密实度不易保证，将影响锚固效果，同时也会推迟张拉锁定时间，延误工期。锚杆注浆时，对浆液加压不充分，降低锚杆的抗拔力。锚杆注浆时，浆液溢出过多，降低锚杆的抗拔力。

⑨寒冷地区基坑越冬时，没有解决好基坑边坡冻胀问题，滞水层疏干不彻底，防冻措施不力，冻胀力促使支护结构破坏。

⑩基坑开挖到设计标高后，清底措施不力，引发事故。如清挖支护桩根部的淤泥，严重破坏了支护桩的平衡，造成支护桩倒塌；又如，清理电梯井底部的细砂时，细砂推倒基础护墙，造成人员伤亡事故；再如，基坑内积水坑开挖过深，离支护桩太近，造成支护桩墙被动土压力严重不足。在支撑结构上增加设计未考虑的旋工荷载，导致支撑结构破损。支撑设施拆除前未采取换撑(如设挡木、临时撑或补强小梁等措施)，支撑拆除后引起挡土墙(桩)较大变形，甚至失稳破坏。

(4)施工管理混乱，安全意识淡漠

①基坑施工期间，施工单位在基坑边缘堆放大量的建筑材料、以及基坑中开挖出来的土

石,甚至有些施工单位在基坑边搭起简易三层小楼兼作办公室,材料库,这样对基坑支护结构产生很大的附加压力,使支护结构大变形。施工期间对附近的地下水管保护不力,使得水管泄漏,冲走桩间土,或使基坑周围土体大量进水,支护结构荷载剧增,致使支护结构发生较大变形。

②施工单位一面从基坑排水,一面又将生活用水及大量的施工废水无意识地倾倒在基坑边缘,造成基坑支护结构主动土压力大幅度增加,引起支护结构大变形。施工单位为了运土方便,随意在基坑一侧挖开一个缺口,破坏了原有的支护结构和止水帷幕,造成地下水流入基坑,坑壁滑塌。

③基坑开挖过程中,对设计中的"桩后卸载、桩前留置反压土体"等措施,敷衍了事,卸载不足,反压上体被挖,造成支护结构大变形。

(5)降水、排水、防水的措施不力

①膨胀土场地,由于没有及时用水泥砂浆封闭基坑坡顶及坡面,使外部水浸入土层;或者没有采取有效的隔水、排水措施,使临空面附近浸泡,膨胀土膨胀,其强度显著下降,基坑稳定性大大降低。

②暴雨或止水帷幕漏水使基坑进水,施工单位在没有采取任何措施的情况下,以最快的速度将水抽干,然而,由于浸泡,支护结构主动土压力增大,被动土压力减小,坑内高水位突然大幅度下降,支护结构两侧形成很大的水位差,支护结构失去平衡,基坑倒塌。

③由于对基坑附近的排水管道、泄洪管道保护不力,造成管道破裂,大水冲垮基坑。

(6)互相协调关系处理不当

①相邻基坑施工,一方基坑开挖、另一方基坑打桩,打桩产生的超静孔隙水压力,造成严重的挤土作用,使相邻基坑的支护桩和工程桩严重移位。这种事故也多次出现在同一建筑工地的姊妹基坑之间。

②同一基坑工程,但基坑开挖、支护桩施工、锚撑施工各由不同的施工队施工,相互配合不好。导致严重超挖、锚撑跟不上,使支护结构大变形,甚至破坏,基坑滑移。

(7)不重视信息施工

深基坑监测是在指导下正确地施工,避免事故发生的必要措施,是一种信息技术。不重视信息施工,必然造成很大的盲目性。目前存在的问题如下:

①为了节约,基坑施工没有安排施工监测,或不合理地削减监测内容,从而使监测数据不全面,不能形成综合判断,从而造成事故;

②对监测数据分析不够,如只顾及了支护结构位移的大小,忽略了位移变化的速率,导致事故;

③报警标准不正确或报警不及时,从而错过了抢险的机会。

(8)技术水平低,不能正确处理复杂问题

①淤泥场地中,大量的钢筋混凝土预制桩施工结束不久,便进行基坑开挖,使得软土强度远远小于设计值,导致支护结构滑移。

②页岩场地的基坑开挖,不及时封闭岩面,造成严重风化,土钉拔出,边坡坍塌;强风化板岩基坑开挖中,没有及时加固临空面,反而严重超挖,造成岩体相继滑塌。

(9)随意修改设计

①由于施工场地紧张,擅自取消水平锚拉,同时支护结构却不作修改,变锚拉桩为悬臂桩,造成支护桩大面积倾覆。

②随意修改锚杆间距，造成支护结构变形过大。

③随意将深层搅拌止水桩改变为压密注浆，造成严重的桩间流砂。

④随意减少支护桩的嵌固长度，使桩的悬臂部分相对加长，从而造成支护桩严重倾斜。

(10)运行期间管理不当

有些基坑的支护与开挖均没有险情发生。但是忽略了其运行期间的管理，从而造成了不该发生的事故。

①地下室施工时，浇注混凝土的泵车和运送混凝土的大卡车离支护结构太近，基坑边缘变成地下室建材的中转站，使得支护结构荷载过大，产生大变形。

②地下室施工期间，忽略了排降上层滞水，导致基坑土钉墙支护体坍塌。

③地下室建成后，在支护结构与地下室之间未设临时支撑，而空隙中也没有及时回填，或回填不实，致使支护结构产生不利变形。

(11)施工单位缺乏经验

①基坑开挖中间间歇时间过长，变形随着时间不断增加。无支撑基坑暴露时间对基坑变形的影响更大，大型基坑的变形受间歇时间影响较小型基坑更为严重，这便是基坑的时空效应。由于施工单位缺乏此方面的经验，造成较大经济损失。

②一些硬质黏土、黏土岩和页岩地质，天然条件下具有较高的强度。但是基坑开挖暴露后，强度降低，微裂缝张开崩解，坑壁一层一层地剥落坍塌。由于施工单位不了解情况，从而造成事故。

二、基坑支护与开挖安全

地铁明挖车站(区间)基坑开挖施工与铁路隧道明挖基坑施工差不多，开挖方法可参考桥涵基坑开挖。下面结合地铁特点，简要介绍地铁明挖车站(区间)基坑开挖前的安全要点。

(1)基坑开挖前应做好下列工作：

①制定控制地层变形和基坑支护结构支撑的施工顺序及管理指标；

②划分分层及分步开挖的流水段，拟定土方调配计划；

③落实弃、存土场地并勘察好运输路线；

④测放基坑开挖边坡线，清除基坑范围内障碍物、修整好运输道路，处理好需要悬吊的地下管线。

(2)存土点不得选在建筑物、地下管线和架空线附近，基坑两侧 10 m 范围内不得存土。在已回填的隧道结构顶部存土时，应核算沉降量后确定堆土高度。

(3)基坑应根据地质、环境条件等确定开挖方法，当机械在基坑内开挖并利用通风道或车站出入门做运输马道时，不得损坏地基原状土。

(4)基坑开挖宽度，放坡基坑的基底至隧道结构边缘距离不得小于 0.5 m。设排水沟集水井或其他设施时，可根据需要适当加宽；支护桩或地下连续墙临时支护的基坑，隧道结构边缘至桩、墙边距离不得小于 1 m。

(5)放坡基坑的边坡坡度，应根据地质、基坑挖深经稳定性分析后确定，必要时应采取加固措施。基坑开挖及结构施工期间应经常对支护桩、地下连续墙及支撑系统、放坡开挖基坑边坡管线悬吊和运输便桥等进行检查，必要时尚应进行监测。

(6)基坑必须自上而下分层、分段依次开挖，严禁掏底施工，放坡开挖基坑应随基坑开挖及时刷坡，边坡应平顺并符合设计规定；支护桩支护的基坑，应随基坑开挖及时护壁；地下连续墙或混凝土灌注桩支护的基坑,应在混凝土或锚杆浆液达到设计强度后方可开挖。支护桩或地下连续墙支护的基坑应在土方挖至其设计位置后及时施工横撑或锚杆。

(7)用小板车出土时,应根据开挖的深度搭好出土走道。基坑较深时,还应搭上、下跳板或梯子,其宽度、坡度及强度应符合有关规定。

(8)用卷扬机牵引小车上坡时,宜用小钢丝绳牵引,在小车正前方和后方,不应站人。

(9)处在土石松动坡脚下的基坑,应做好安全防护设施。

(10)在粉砂、细砂层开挖基坑时,应进行基底涌砂验算,并采取相应的防护措施。

(11)基坑开挖需要爆破时,必须按国家现行的《爆破安全规程》办理。

(12)用吊斗出土时,应设有信号指挥。土斗上应拴溜绳,装土或卸土后应将斗门关好。吊机扒杆和土斗下面严禁站人。

(13)机具、材料、弃土等应堆放在基坑边坡周边安全距离以外。

(14)在严寒地区采用冻结法开挖基坑时,必须根据地质、水文、气象等实际情况,制定施工安全技术措施。严禁破坏表面冷冻层。

(15)基坑开挖接近基底 200 mm 时,应配合人工清底,不得超挖或扰动基底土。

(16)基底应平整压实,其允许偏差为:高程$^{+10}_{-20}$ mm;平整度 20 mm,并在 1 m 范围内不得多于 1 处。基底经检查合格后,应及时施工混凝土垫层。

(17)基底超挖、扰动、受冻、水浸或发现异物、杂土、淤泥、土质松软及软硬不均等现象时,应做好记录,并会同有关单位研究处理。

(18)基坑顶面边坡以外的四周,应开挖排水沟,并经常保持畅通。

(19)基坑底部用汇水井或井点法排水时,应保持基坑不被浸泡。

(20)采用挡板支撑护壁时,应根据土质情况,逐段支撑,并经检查确认安全后,方可继续开挖。如基坑较深,四周应挂软梯。在开挖过程中,应经常检查,如发现支护变形等异常情况,应立即撤离人员,待加固并确认安全后,方可继续开挖。

(21)拆除支护应根据土质情况、自下而上分段进行,边拆边回填夯实。

(22)采用钢筋混凝土围圈护壁时,除顶层可一次整体灌筑外,往下应根据土质情况,控制开挖高度和长度,并随挖随灌筑。遇有流砂、涌砂时,应有切实可靠的防护措施。

(23)钢筋混凝土围圈顶面应高出地面 0.5 m。围圈内应挂好梯子,其顶部不应摆放料具。

(24)土方及打桩、降水、地下连续墙等施工机械,在架空输电线路和通信线路下作业时,其施工的安全距离应符合技术安全规范的规定。

(25)雨季施工应沿基坑做好挡水埝和排水沟,冬季施工应及时用保温材料覆盖,基底不得受冻。

(26)基坑支护按照《建筑基坑支护技术规程》(JGJ 120—99)进行。

三、基坑回填安全

(1)基坑回填料除纯黏土,淤泥、粉砂、杂土,有机质含量大于 8%的腐殖土、过湿土、冻土和大于 150 mm 粒径的石块外,其他均可回填。

(2)回填土使用前应分别取样测定其最大干容重和最佳含水量并做压实试验,确定填料含水量控制范围、铺土厚度和压实遍数等参数。

(3)回填土为黏性土或砂质土时应在最佳含水量下填筑,如含水量偏大应翻松晾干或加干土拌匀;如含水量偏低,应洒水湿润,并增加压实遍数或使用重型压实机械碾压。回填料为碎石类土时，回填或碾压前应洒水湿润。

(4)基坑必须在隧道和地下管线结构达到设计强度后回填。基坑回填前，应将基坑内积水、杂物清理干净，符合回填的虚土应压实，并经检验合格后方可回填。

(5)基坑回填应分层、水平压实；隧道结构两侧应水平、对称同时填压；基坑回填高程不一致时，应从低处逐层填压，基坑分段回填接茬处，已填土坡应挖台阶，其宽度不得小于 1 m，高度不得大于 0.5 m。

(6)基坑回填时，机械或机具不得碰撞隧道结构及防水保护层。隧道结构两侧和顶部 500 mm范围内及地下管线周围应采用人工使用小型机具夯填。

(7)基坑回填土采用机械碾压时，搭接宽度不得小于 200 mm。人工夯填时，夯与夯之间重叠不得小于 1/3 夯底宽度。

(8)基坑回填碾压过程中，应取样检查回填土密实度。机械碾压时，每层填土按基坑长度 50 m 或基坑面积为 1 000 m^2 时取一组，人工夯实时，每层填土按基坑长度 25 m 或基坑面积为 500 m^2时取一组，每组取样点不得少于 6 个，其中部和两边各取两个。遇有填料类别和特征明显变化或压实质量可疑处应增加取样点位。

(9)基坑回填碾压密实度应满足地面工程设计要求。如设计无要求时，应符合表 5-1 规定。

表 5-1 基坑回填碾压密实度值

基础底以下高程(cm)	最低压密实度(%)				
	道路			地下管线	农田或绿地
	快速和主干路	次干路	支路		
0～60	95/98	93/95	90/92	95/98	87/90
60～150	93/95	90/92	90/92	87/90	87/90
> 150	87/90	87/90	87/90	87/90	87/90

注：①表中分子为重锤击实标准，分母为轻锤击实标准，两者均以相应的击实试验法求得的最大压实度为 100%；

②基坑压实应采用重锤击实标准，如回填土含水量大或缺少压实机具时，方可采用轻锤击实标准；

③建筑物以下的基坑回填土密实度，应根据设计要求确定。

(10)基坑工字钢支护桩地段拆除中如有土体坍落或有孔洞时应认真处理，保证土体密实。

(11)基坑雨季回填时应集中力量，分段施工，取、运、填、平、压各工序应连续作业。雨前应及时压完已填土层并将表面压平后，做成一定坡势。雨中不得填筑非透水性土质。

(12)基坑不宜冬季回填。如必须施工时，应有可靠的防冻措施。除按常规施工要求外，尚应符合下列规定：

①每层铺土厚度应比常温施工减少 20%～25%，并适当增加压实密实度；

②冻土块填料含量不得大于 15%，粒径不得大于 150 mm，均匀铺填，逐层压实、建筑物、地下管线、道路工程设计高程 1 m 范围内不得回填冻土块；

③基坑回填前，应清除回填面上积雪和保温材料；

④集中力量，分段施工，取、运、填、平、压各工序应连续作业；

⑤基面压实后立即覆盖保温，必要时可撒盐水；

⑥加强测试，严格控制填料含水量。

四、基坑周边的沉降控制,建(构)筑物和重要管线保护

受地质条件等影响,车站、竖井基坑开挖时容易引起周边地面沉降甚至塌陷。

从现场踏勘及收集到的资料显示,在本标段三个车站周边虽然管线较简单,但是均有市政设施或道路通过,尤其是官湖站旁有高压电塔。象颈岭站有交通繁忙的新沙大道、高压电塔、较大面积的河涌、湖塘等,如果基坑开挖引起周边地面严重沉降、塌陷,将带来恶劣的社会影响,危及周边建(构)筑物安全。

要控制基坑周边沉降确保建筑物的安全,信息化监测施工手续尤为重要。施工中应通过加强基坑支护,加强施工监测、对基坑变形进行严格控制,以确保周围管线、建筑物的安全。对基坑沉降控制、保护建筑的监控对策和建议如下:

(1)在工程施工前期组织施工单位对基坑周边建(构)筑物及地下管线进行详细调查,以便做出有针对性的保护方案和措施;

(2)编制车站基坑支护方案、开挖方案、监测方案等,并上报地铁公司相关部门审查备案,从源头上最大限度地减少甚至杜绝一切风险源的存在;

(3)按规定组织专家审查论证高压电塔及重要管线保护、交通疏解方案等,按方案落实保护、疏解措施;

(4)在做好围护结构施工质量监控的同时,做好辅助止水工艺施工,落实围护结构辅助止水措施;

(5)严格按开挖方案进行基坑开挖施工,“分段开挖,随挖随撑”。对围护结构、周边地面、水位、土体等变形进行观察、有效监测,及时分析观察成果及监测数据,反馈指导施工。

【案例】2004 年 4 月 1 日,广州地铁 3 号线某站地下连续墙围护结构塌方,车站北端出现一定的沉降。

(6)做好施工期间的应急预案及演练,从人员、物质、设备上保证,一旦发生像广州地铁那样较为严重的情况,可以在最短的时间内进行处理和恢复,以保证施工正常开展。

(7)针对出现的不利情况,及时会同有关单位制订相应的抢险措施。出现周边及开挖面塌方、滑坡及破裂,或量测数据有不断增大的趋势,或支护结构变形过大,或出现明显的受力裂缝且不断发展,或时态曲线长时间没有变缓的趋势等现象时,须要求立即停工,并采取相应措施处理。

五、基坑开挖安全要点

(1)做好开挖前的准备工作监理,包括认真研究工程区域的工程地质和水文地质、气象资料,辨识并细化基坑开挖的控制点及监理措施。

(2)编制针对性的基坑开挖方案,确认方案按规定经过专家论证,注意方案中对邻近建(构)筑物、管线的保护、防护措施应切实可行。

(3)按方案落实保护、防护措施,落实专业的监控量测人员,布设有效的符合设计要求的监测点并取得初始值。

(4)按经审批的方案进行基坑开挖,开挖中应遵循“时空效应”、纵向“分层分段”、横向“盆式”等程序,逐层、分段开挖,及时支撑。

(5)基坑开挖过程,要监控好支撑施工质量,确保现场备有足量的支撑,协调好挖与支撑架设的关系,以保证基坑安全。基坑支撑施工质量主要应从钢支撑及其附属构件的钢材物理化

学性能和强度检验、钢支撑及腰梁或预埋铁件等主要受力构件的焊接质量、支撑点的位置、钢支撑与墙面连接细部处理、支撑架设的“分段开挖、随挖随撑”的原则实施、支撑预应力施加、支撑轴力监测、支撑拆除条件等方面进行监控。

(6)基抗开挖过程中,必须按方案进行纵向临时放坡,做好坡面的保护、修坡工作,必要时采取加固措施。挖出的土方应及时清运,减少坑边的地面堆载。

(7)做好开挖过程中的降水、排水措施,避免砂层开挖可能出现管涌(流砂),必要时或设计有规定时,应采用管井井点降水方法降低地下水位。

(8)机械施工开挖近基底时,应注意防止超挖和扰动基底土层,保留 200 mm 以上土层由人工开挖。同时,应避免基底岩、土层遇水崩解带来的施工风险。

(9)基坑开挖验收后,应立即进行垫层和基础施工,防止太阳暴晒和雨水浸刷破坏基底土层原状结构。

(10)基坑开挖前、开挖过程中应对平面控制桩、水准点、基坑平面位置、水平标高、边坡坡度进行复测检查。

(11)注重信息化施工监理,按设计要求的种类、数量、位置布置监测点,监督检查监测仪器有效性、点位有效性和数据真实性,监测频率、获取数据时间和监测数据及时性。及时分析监测数据并对按时间先后产生的各份数据报告进行对比,对不同类别的点位数据进行分析,找出数据之间的关联性,反馈指导施工及控制变形。对异常数据要认真分析,弄清原因,果断采取控制措施。

(12)按相关规定要求建立健全工程安全管理制度、安全生产方案及预案,落实安全教育、交底及安全管理工作。同时将安全巡查作为日常监理工作内容,定期和不定期组织安全检查工作,及时发现问题,及时整改。

第三节　结构外防水

结构底板先贴卷材防水层施工,应符合下列规定:

(1)保护墙砌在混凝土垫层上,永久保护墙用 1∶3 水泥砂浆砌筑,临时保护墙用 1∶3 白灰砂浆砌筑,并各用与砌筑相同的砂浆抹一层找平层;

(2)卷材先铺平面,后铺立面,交接处应交叉搭接;

(3)卷材从平面折向立面铺贴时,与永久保护墙粘贴应严密,与临时保护墙应临时贴附于该墙上。

结构边顶后贴卷材防水层施工应符合下列规定:

(1)铺贴前应先将接茬部位各层卷材揭开,并将其表面清理干净,如有局部损伤应修补;

(2)卷材应采用错茬相接,卷材铺贴宜先边墙后顶板,先转角,后大面。

在施工条件受到限制,边墙与底板防水层同时铺贴时,边墙顶部应留置临时保护墙,或采取防止损坏卷材留茬的措施。

第六章　辅助工程施工

辅助工程措施施工应符合下列规定：①应做好相应的工序设计；②必须坚持“先支护(强支护)、后开挖(短进尺、弱爆破)、快封闭、勤量测”的施工原则；③应准备所需的材料及机具，制定有关的安全施工措施；④施工中应注意观察地形和降水、地质条件和地下水的变化及量测数据的突变等情况，预防突发事故的发生；⑤做好详细的施工记录。

第一节　井点降水

一、井点降水安全技术

井点降水是人工降低地下水位的一种方法，就是在基坑开挖前，预先在基坑周围或者基坑内设置一定数量的滤水管。

一般该方法用于地下水位比较高的施工环境中，是土方工程、地基与基础工程施工中的一项重要技术措施，能疏干基土中的水分，促使土体固结，提高地基强度，同时可以减少土坡土体侧向位移与沉降，稳定边坡，消除流砂，减少基底土的隆起，使位于天然地下水以下的地基与基础工程施工能避免地下水的影响，提供比较干的施工条件，还可以减少土方量、缩短工期、提高工程质量和保证施工安全。

井点降水设计应具备下列资料：①地质勘察报告和地质剖面图，必要时宜做现场抽水试验确定水文地质参数；②基坑及隧道平、纵断面图；③降水区域内地下构筑物、管线及邻近建筑物的资料。

为了确保降水效果，井点降水方法应按表 6-1 选用。

表 6-1　各类井点降水方法适用范围

适用条件 \ 降水方法	单层轻型井点	多层轻型井点	喷射井点	管井井点	砂(砾)渗井点
土层渗透系数(m/d)	0.1～50	0.1～50	0.1～50	20～200	0.1～20
水位降低深度(m)	3～6	6～12	8～30	>10	按下伏强导水层的水头，导水性与坑深稳定

井点降水应使地下水位保持在基底以下 0.5 m，停止降水时必须验算涌水量和明挖隧道结构的抗浮稳定性，当不能满足要求时，不得停泵。

降水井点布设应符合下列规定：

(1)井点距基坑边缘不应小于 1.5 m，距暗挖隧道结构不应小于 2 m；

(2)井点应沿墓坑或暗挖隧道布设，井应成封闭形。当不能封闭时应延长 1 倍以上的基坑或暗挖隧道横断面宽度；

(3)暗挖隧道如地面无条件布设井点时，可在隧道内设置水平井点或采取其他隔水措施；

(4)井点间距应根据计算确定。当基坑较宽而满足不了降水深度需要时，应在基坑内增设井点。

井点施工前，应复测基坑(或暗挖隧道)平面位置并测放井点孔位；清除地面、地下障碍物并将保留的地下管线挖露出来；平整场地并挖设泥浆坑。

井点钻孔应符合下列规定：钻孔的孔口处应设置护筒；孔径应比管径大 200～300 mm；孔径应垂直、上下一致，孔底比管底深 0.5～1.0 m；钻进中应取土样并做好记录。

分节组装的井点管直径应一致。钢管井点管的滤管应采用穿孔钢管，孔隙率不应小于 25%，外壁垫筋缠镀锌铅丝后并包上工布滤网。管井井点管采用无砂混凝土管时，其孔隙率不应小于 20%，并外壁应垫筋、缠丝、包土工布滤网。

集水管间用橡皮套管连结，并用钢箍接紧，以防漏水。同时还应考虑井点管一般要露出面 0.2 m 左右，无论在任何情况下，滤管必须埋在透水层内，为了充分利用抽吸能力，总管的布置接近地下水位线，这样事先应挖槽，水泵轴心标高宜与总管平行或略低于总管，总管应具有 0.25%～0.5%坡度(坡向泵层)，各段总管与滤管最好分别设在同一水平面，不宜高低悬殊。

首先排放总管，再埋设井点，管用弯联管将井点管与总管连通，然后安装抽水设备，在这里，井点管的埋设是一项关键性工作。

井点管采用水冲法埋没，分为冲孔与埋管两个过程，冲孔时先将高压水泵，利用高压胶管与孔连接，冲孔管与起重设备吊起，并插在井点的位置上，利用高压水($1.8N/mm^2$)，又经主冲孔管头部的喷水小孔，以急速的射流冲洗土壤，同时使冲孔管上下左右转动，边冲边下沉，从而逐渐在土中形成孔洞，井孔形成后，拔出冲孔管，立即插入井点管，并及时在井点管与孔壁之间填灌砂滤层，以防止孔壁塌土。

认真做好井点管的埋设和砂滤层的填灌，是保证井点顺利抽水，降低地下水的关键，同时应注意，冲孔过程中，孔洞必须保持垂直，孔径一般为 30 mm，并在口下一致，冲孔深度宜比滤管低 0.5 m 左右，以防止拔出冲孔管时部分土回填而触及滤管底部砂滤层宜选用粗砂。以免堵塞滤管网眼，并填至滤管顶上 1.0～1.5 m。砂滤层填灌好后，距地面下 0.5～1.0 m 的深度内，应用黏土封口以防漏气，井点系统全部安装完毕后，需进行抽试，以检查有无漏气现象。

井点降水使用时，一般应连续抽水，时抽时停，滤网易堵塞出水混浊，并引起附近建筑由于土颗粒流失而沉降、开裂，同时由于中途停抽，地下水回升，也可能引起边坡塌方等事故，抽水过程中，应调节离心泵的出水阀以控制水量，使抽吸排水保持均匀，正常的出水规律是“先大后小，先混后清”，真空泵的真空度是判断井点系统工作情况是否良好的尺寸，必须经常检查并采取措施，在抽水过程中，还应检查有无堵塞“死井”(工作正常的井管，用手探摸时，应有冬暖夏凉的感觉)。死井太多，严重影响降水效果时，应逐个用高压水反复冲洗拔出重埋。

【案例】2005 年 9 月 24 日，北京海淀黄庄地铁 4 号线施工现场一口降水井旁边的路面突然塌陷，路面上一架 1t 多重的龙门吊也随即倾倒。

若发现抽出的地下水始终不清，水中含砂量较多，基坑附近地表沉降较大，则说明井点滤网破损，井点滤网孔径和砂滤料粒较大，失去过滤作用。土层中的大量泥砂随地下水被抽出，滤层厚度不足。预防措施：下井点管必须严格检查滤网，发现破损或包扎不严密应及时修补，井点滤网和砂滤料应根据土质条件选用。始终抽出混浊水的井点，必须停止使用。

井点管沉设应符合下列规定：

(1)沉设前应先配管；

(2)沉设位置应居中、垂直，管井的滤管应置于含水层中；

(3)分节沉设时，各节应同心并连接严密；

(4)管井井点管应高出地面 300～500 mm,井点管就位固定后管上口应临时封闭。

滤料应洁净,其规格为含水层筛分粒径的 5～10 倍。投放时应符合下列规定:

(1)滤料投放前应清孔稀释泥浆;

(2)滤料应沿井管周围均匀投放,投放量不得小于计算量的 95%;

(3)滤料填至井口下 lm 左右时应用黏性土填实夯平。

井点管沉设后,应检查渗水性能。当投放滤料管口有泥浆水冒出或向管内灌水能很快下渗时方为合格。

排水管路断面应根据排水流量确定并连接严密。排出的水经过沉砂处理后,方可排入市政管道。

降水井点泵组应搭设防雨设施。寒冷地区冬季施工时,对泵组和管路系统应采取防冻措施。

降水施工应有防止降水区域内建筑物和构筑物产生沉降和水平位移的措施。采用回灌措施时应化验水质,不得污染地下水。

土洞发育地区采用井点降水时,应有防止引起邻近地面塌陷的措施。

降水井点系统,应在明挖隧道墓坑回填土至原水位以上或暗挖隧道初期支护结构成后方可停泵,并及时拆除。井点管拔除后,应及时用砂将井孔回填密实。

二、井点降水安全注意事项

1. 井点降水方案注意事项

(1)渗透系数应根据降水场地的工程地质和水文地质资料确定,必要时还应作现场抽水试验确认。

(2)选用的井点类型,井点管长度、直径、数量,抽吸设备类型、套数,井点降水系统的平面布置、机房布置,各套抽吸设备的工作范围,基坑的横剖面(或纵剖面),设计的降水曲线、对附近场地的影响范围。

(3)井点管的沉设方法,排水沟的设置,防止地面水流入基坑的措施,排水地点的选择,井点管的位置及安装图,井管滤头是否设在透水性较好的土层中。

(4)根据基坑底面以下土层渗透系数较大,附近建筑物、管线在降水影响范围以外,水位降到基坑底面以下 0.5 m 等条件确定井点降水深度。

2. 井管制作安装注意事项

(1)检查井管长度、直径、壁厚,滤管孔径及长度、滤管滤网包裹情况、滤管位置、井管接头连接质量、井管安装居中情况。

(2)井点系统安装完毕后,必须试抽试灌,检查系统质量,发现“死井”和漏气、漏水现象应补救处理,确保正常运转使用。

3. 井点降水检查监控要点

(1)施工前应对井管、抽吸设备进行保养、检修和试运转,各种抽吸设备的真空度应满足要求。井点降水运行后,抽吸设备应连续工作,井点出水应先大后小,先混后清。同时应做好井点降水情况测试、运行记录。

(2)从出水情况、工作真空度、值班、井点成活率、出水排放、管道漏气、电源、观测井、开挖后降水效果等方面,定期评价井点降水质量。

(3)基础完成或部分完成后,需停止抽吸地下水,拔除井管,必须对该部分基础进行抗浮稳定验算。

(4)根据本标段实际情况，在基坑周边、建(构)筑物周围可设置回灌井，对车站施工期间引起的地下水位下降及时进行回补，确保地面沉降在可控范围内。

4. 其他安全注意事项

(1)井点降水期间，安全人员必须详细检查基坑周围地面，防止塌方。

(2)所有轻型井点的主管及支管顶部的连接胶管，不得埋入土中。

(3)深井井点抽水设备，应严防漏电，下井的电线及接头，必须安全可靠。

(4)轻型井点降水机组必须设置在安全可靠的地方，防止塌方翻机。

(5)抽水设备的电器部分必须做好防止漏电的保护措施，严格执行接地接零和使用漏电开关三项要求，施工现场电线应架空布设，用三相五线制。

第二节　地层稳定措施

(1)对于隧道开挖后自稳性差的地段，应根据地层情况及量测数据，采用封闭开挖面、修筑临时仰拱等措施。

(2)注浆机具设备应性能良好，满足使用要求。

(3)超前锚杆搭接长度应大于 1 m。锚杆插入孔内的长度不得小于设计长度。

(4)超前小导管直径应按设计要求选用和加工。长度应满足设计要求，纵向搭接长度应不小于 1 m。

(5)超前管支护的长度和钢管外径应满足设计要求。纵向搭接长度应不小于 3 m。

(6)超前预注浆施工应符合下列规定：

①注浆段的长度应满足设计要求；

②注浆管应根据设计要求选用；

③注浆孔的布置角度及深度应符合设计要求。

(7)注浆作业应满足下列要求：

①注浆前应进行压水或压入稀浆试验，发现与设计不符时，应立即调整；

②在涌水量大、压力高的地段钻孔时，应先设置带闸阀的孔口管；当掌子面围岩破碎时，应先设置止浆墙和孔口管；

③分段注浆时，应设置止浆塞；

④注浆过程中应做好施工记录。发现问题，应及时处理。

第三节　涌水处理措施

(1)处理涌水措施

①隧道涌水处理应符合“预防为主、疏堵结合、注重保护环境”的原则。

②开挖后补注浆堵水施工应符合下列规定：

a. 注浆范围应根据地质条件、涌水量、允许排水量、环保要求等因素确定；

b. 注浆类型应根据隧道开挖后的涌水规模及位置等因素选择。

(2)超前钻孔排水施工应符合下列规定：

①应根据工程地质与水文地质条件，以及地下水流的方向等因素，确定钻孔位置、方向、数

目及每次钻进深度等；

②钻孔时孔口应有保护装置；

③应保证钻孔排出的水迅速排至洞外。

(3)采用平行坑道排水时，平行导坑、横洞的底高程应低于正洞底高程。

(4)井点降水的方法、设备应满足降水要求。降水过程中，应设水位观测井，及时测定动水位。

参考文献

[1] 中铁九局集团有限公司. 铁路工程基本作业施工安全技术规程(TB 10301—2009)[S]. 北京:中国铁道出版社,2009.

[2] 中铁二十一局集团有限公司. 铁路路基工程施工安全技术规程(TB 10302—2009)[S]. 北京:中国铁道出版社,2009.

[3] 中铁十局集团有限公司. 铁路桥涵工程施工安全技术规程(TB 10303—2009)[S]. 北京:中国铁道出版社,2009.

[4] 中铁二局集团有限公司. 铁路隧道工程施工安全技术规程(TB 10304—2009)[S]. 北京:中国铁道出版社,2009.

[5] 中铁一局集团有限公司. 铁路轨道工程施工安全技术规程(TB 10305—2009)[S]. 北京:中国铁道出版社,2009.

[6] 中铁电气化局集团有限公司,中铁六局集团有限公司. 铁路通信、信号、电力、电力牵引供电工程施工安全技术规程(TB 10306—2009)[S]. 北京:中国铁道出版社,2009.

[7] 崔玖江. 盾构隧道施工风险与规避对策[J]. 隧道建设,2009,29(4):377～396.

[8] 李向国,黄守刚,张鑫. 高速铁路施工新技术[M]. 北京:机械工业出版社,2010.